KEW&LEAVES

큐앤리브즈 최고의 철학이 담긴 블렌딩티

국내 차(茶)업계 최초로 '식음료계의 미슐랭'이라 불리는 국제미각심사기구(iTQi) 최고 등급 3관왕,
GTA 골든티어워드 금상 수상 등 국내외에서 실력을 인정받은 큐앤리브즈는 품질 좋은 찻잎을 베이스로
허브, 꽃잎, 과일, 곡물 등 동서양의 식재료를 블렌딩하여 개발한 독창적인 티를 선보입니다.
마스터 티 블렌더의 기술과 노하우로 펼쳐지는 블렌딩 티의 새로운 세계, 큐앤리브즈를 통해 경험해보십시오

www.kewandleaves.com

왜? 라고
물어보세요.

계단 모양에
거울 각도에
다리 높이에

대답할게요
일룸의 디자인에
'그냥'은 없습니다

선 하나에도 이유있는
일룸만의 디자인.

가구를 만듭니다.
iloom

NATURE

점점 이상해지는 날씨나 미세먼지와 오염된 먹거리를 이야기할 때 결국 우리는 원점으로 돌아와 자신의 생활습관부터 들여다보아야 한다. 무심코 함부로 대했던 사소한 행동이 다시 우리에게 되돌아와 공격하고 있음을 기억해야 한다. 오랜 습관을 바꾸기란 쉽지 않다. 이번 호를 준비하면서 환경을 위해 내가 하는 작은 실천이 무엇이냐는 질문을 받았다. 앞으로 어떤 작은 실천을 할 것인가에 대한 다짐이기도 했다. 언젠가 그런 이야기를 한 적이 있다. 잡지를 만들면서 점점 내가 좋은 사람이 되어가는 것 같다고. 정말 그렇다. 잡지를 만들면 만들수록 좋은 생각을 많은 사람과 나누어야겠다는 생각은 더 단단해졌으니깐. 특히 주제가 무엇이었든 자연과 환경에 대해 자주 이야기해야 했다. 먹거리뿐만 아니라 몸에 바르고 입는 옷에도 해당했다. 그렇게 알게 되면서 좋은 방향으로, 더 나은 사람이 되려고 힘쓰는 나를 발견했다. 우리가 만난 환경 실천가, 자연을 카메라에 담는 작가, 평범한 삶에서 환경을 위해 애쓰는 사람들을 통해서 다시 깨달았다. 당연히 해야 하는 일을 내가 잠시 잊고 있었다는 걸. 성난 자연이 다시 온화해질 수 있도록 이제는 우리가 돌려줄 차례다.

편집장 **김이경**

Local_seoho1561, 2012

Untitled_dosoon835, 2013

Untitled_jeongbang278, 2013

Untitled_hawon1695, 2013

Untitled_saekdal3039, 2011

Untitled_hogeun491, 2014

Untitled_jungmun1828, 2012

이방인

사진작가 김옥선

지금 어디에서 답변을 쓰고 계신가요? 그곳의 날씨와 풍경을 들려주세요.
저는 서귀포에서 살고 있고, 집에서 멀리 범섬이 보입니다. 날씨는 태풍 솔릭이 지나간 이후로 뜨거웠는데, 오늘은 흐리고 선선한 바람이 부네요.

작가님 하면 인물 사진이 가장 먼저 떠오르는데요. 소재를 사람에서 자연물로 확장한 계기가 궁금합니다.
국제결혼 한 부부나 제주에 살고 있는 이방인을 주로 촬영했습니다. 이 작업을 한 지 벌써 14년 정도 되었네요. 그런데 'No Direction Home(노 다이렉션 홈)' 작업을 마무리할 때쯤 바라본 야자수가 이방인으로 대체되는, 이방인과 같은 것으로 보였습니다. 자연스레 제주에 있는 야자수를 촬영하게 되었습니다.

한 인터뷰에서 작업을 시작했을 때 내가 앞으로 하고 싶은 이야기가 뭘까 생각한다고 하셨습니다. 어떤 물음을 갖고 제주의 나무를 담기 시작하셨나요?
'Hamel's Boat(함일의 배)' 작업이나 'No Direction Home' 작업에 나오는 인물들, 즉 이방인처럼 언어와 문화가 다른 이들을 좀 더 이해해보려는 의도와 그들과 이주민인 저 자신을 동일시하는 감정이 있었습니다. 같은 감정과 의도를 제주에 있는 야자수를 보고 느꼈습니다. 야자수는 외래종이지만 현재 제주를 이국적인 섬으로 만드는 대표적인 상징물입니다. 이런 식물이 제주를 더 제주답게 만든다는 생각이 들었고, 제주 스타일의 집들을 배경으로 자라는 야자수, 종려나무들을 사진에 담았습니다.

여전히 '이방인'이라는 소재에서 매력을 느끼신 걸까요?
인물을 촬영하다 나무의 포트레이트Portrait로 이동하게 된 것은 자연스러운 일이었습니다. 나무이거나 사람이거나, 이것이 차이를 만들지 않습니다. 대상을 바라보는 시선이 같아요. 물론 제가 촬영한 인물들은 이방인이었고, 나무는 야자수라는 이주식물에서 출발하였다는 공통점이 있습니다. 이방인과 외래식물이라는 특별한 대상을 통해 인간 전체, 세상 전체를 보여주려 했다고도 말할 수 있습니다. 또한 이방인과 귀화식물 등을 통해 저 자신을 보았고, 제가 아닌 이들을 통해 나머지 세상을 이해해보려고 했습니다.

많은 이가 작가님의 나무가 작가님의 사람처럼 보인다고 하더군요. 저 역시 그렇게 생각합니다. 사람을 바라보는 것과 같은 시선, 같은 거리감으로 나무를 바라보았기 때문이 아닐까 하는데요. 이러한 거리두기를 통해 작가님이 말하고 싶은 것은 무엇이었나요?
대상에 거리를 둔다는 것은 작가로서 저의 위치를 관찰자로 상정하는 것이고, 대상을 바꾸거나 변화시키지 않고 있는 그대로(?) 보여준다는 것입니다. 대상에 거리를 두고 중립적 태도로 촬영하고, 제 의도를 사진을 보는 사람이 스스로 판단할 수 있도록 했습니다.

촬영한 나무들은 어떤 기준으로 선정된 건가요?
제집 주변에 있던 나무들이었습니다. 딸의 학교 통학 시 마주치던 나무들이고, 장 보러 가거나 은행에 갈 때 마주치던 나무들입니다. 나무를 특별히 선정했다기보다 항시 주변에 있던 거라 자연스레 사진으로 촬영했네요. 그 나무들을 보면서 서귀포가 내가 나고 자란 곳과 다르다는 생각을 했습니다. 20여 년이 지나 '개발'이란 명목으로 나무가 사라지는 걸 보며 이 나무들이 '서귀포', '제주'라는 정체성을 가지고 있었다는 생각도 들었고요.

작가님의 나무를 보면, 이전 작업과 마찬가지로 환경의 드라마틱한 분위기가 없습니다. 꽤 오래전부터 나무를 촬영해오신 걸로 알고 있는데요. 환경을 통제하기 위해 특별히 신경 쓰신 부분이 있을까요? 특정 계절에만 작업한다는 규칙 같은 게 있을지요.
제 사진에는 드라마틱하지는 않지만 나름의 분위기는 있다고 생각하는데요(웃음). 가을에서 겨울로 넘어가는 시기, 11월부터 제주는 날이 흐려지고 뼛속까지 파고드는 바람이 불기 시작합니다. 주로 이때부터 촬영을 시작하게 되는데요. 이때는 제주의 나무들이 초록 잎을 벗고 가지를 드러내는 시기이기도 하고, 제 생활의 경험상 가장 움츠러들고 가장 납작 엎드려 있으며 희망을 기다리는 시기이기도 합니다. 그래서 특히 이 시기의 풍경이 눈에 들어왔습니다.

사진작가 김옥선은 서울에서 태어났다. 지금은 독일인 남편과 함께 제주에 산다. 그는 한국의 이방인을 찍는다. 이방인은
사람이었다가 나무가 되었다. 그가 찍은 제주의 야자수 사진을 보며, 결국 우리는 모두 지구의 이방인이 아닐까 생각했다.

에디터 김혜원 사진 김옥선

거리에서 촬영하다 보면 주민들의 이상한 시선을 받기도 할 것 같습니다.
맞아요. 나무들을 촬영하다 보면 주로 집주인이나 땅 주인들이 저를 공무원
이나 수상한 사람 취급하기도 합니다. 왜 자신의 나무와 집, 땅을 촬영하는
지 꼬치꼬치 캐묻습니다. 제가 땅을 사려고 하는 사람처럼 보였는지 저를
따라다니면서 땅을 사라고 조르는 경우도 있었습니다. 그때 땅을 샀으면 좋
았을 텐데요(웃음).

**사진집 《Jeju Island》 속 나무들은 'The Shining Things(빛나는 것들)'라
는 타이틀로 전시된 적이 있습니다. 당시 전시명을 '빛나는 것들'로 붙인
이유가 궁금합니다. 또한 이들을 '제주도'로 다시 정리하고 묶은 이유가 있
을지요.**
2014년 한미사진미술관에서 했던 전시가 'The Shining Things'였죠. 이
제목은 《모든 것은 빛난다》라는 책에서 가져왔습니다. 세상을 향해 자신을
열어두고 관심을 가진다면 사라진 것처럼 보였던 빛나는 의미들을 다시 발
견할 수 있을 거라는 내용에서 제목을 정하게 되었습니다. 그리고 2017년
일우사진상 출판 부문을 수상하게 되었는데요. 독일의 핫제칸츠 출판사에
서 이전 'The Shining Things' 작업과 그 이후 작업들을 묶어 출판하면서,
유럽에서는 제 작업의 지역성을 드러내야 유리할 것이라는 판단 아래 'Jeju
Island'란 제목을 붙이게 되었습니다. 최근 일우스페이스에서 진행된 'The
South' 전시에서는 'The Shining Things', 'No Direction Home',
'Museum of Innocence(순수박물관)'에서 선별된 인물, 나무, 정물 등의 작
업을 모아 소개했습니다.

**작가님이 품은 일상적인 의문이 작품에 대한 구상으로 이어지는 것 같습니
다. 하나의 시리즈를 끝내고 나면 처음 가졌던 의문에 대한 해답을 찾게 되
나요?**
한 주제로 하나의 연작을 완성하는 데 보통 2~3년 정도 걸려요. 그 정도 시
간이면 하나의 주제에 대해 충분히 생각할 시간을 갖게 되고 동시에 생활도
하게 되므로, 삶과 연관되어 답이라기보다는 주제에 대한 마음 정리가 어느
정도 됩니다.

**오래도록 시선을 유지하기 위해 하는 작가님만의 의식, 혹은 습관이 있으신
지요.**
일상과 작업을 병행하려고 노력합니다. 제주에 친지나 만날 사람이 많지 않
아 주로 혼자 보내는 시간이 많아요. 그리고 물속에 들어가 있습니다.

**최근 2년 사이에 우리 사회에 많은 변화가 있었습니다. 작가님의 대표적인
시리즈 중 하나가 'Woman in a Room(방 안의 여자)'인데요. 혹시 지금, 이
순간의 한국 여성에 대한 어떤 생각, 혹은 계획을 갖고 계신지 궁금합니다.**
제주의 이방인들 작업은 충분히 했다는 생각이 드는 순간 야자수로 시선이
옮겨졌는데요. 네, 지금은 한국 여성들에 대한 작업을 하고 있습니다.

**꾸준히 활동하는 작가로 계셔주셔서 감사합니다. 작가님의 인생의 지침이
되는 좌우명이나 격언이 있다면 알려주세요.**
저도 잘 실천하지 못하는 건데요. Be Wild!

Jeju Island
김옥선 | HATJE CANTZ

가로수가 된 야자수를 보며 이곳이 제주임을
깨닫는다. 제주를 이국적인 장소로 인식하게
하는 나무. 한국에 사는 이방인을 담던 김옥
선이 이방인과 같은 시선으로 제주의 나무들
을 바라봤다. 숲, 들판, 그리고 흔한 일상에
야자수는 그냥 그렇게 있었다. 그것이 익숙
하고도 낯선 감상을 불러일으킨다.

요란하지 않아도
괜찮아

박진희

광주 무등산 초입의 한 미술관에서 배우를 만났다. 그녀는 천
천히 걷다가, 멀리 보다가, 자주 웃었다. 처음 만났지만 오래
안 듯한 얼굴로 수다를 떨었다. 아주 자연스러운 시간이었다.

에디터 **김건태** 포토그래퍼 **안선근** 장소 제공 **우제길미술관**

"처음에는 인터뷰를 통해 환경 문제를 말하는 걸 꺼렸어요.
하지만 두려워도 조금씩, 자연스럽게 말하는 법을 배워가고 있어요."

먼저 축하드려요. 얼마 전 둘째를 출산하셨죠.

이제 두 달 반 됐네요. 자연 분만을 했는데 아주 건강하게, 엄마를 많이 힘들지 않게 해줬어요.

둘째가 더 힘들다고 하던데 괜찮았어요?

오히려 한 번 경험이 있어서 둘째가 더 쉬웠어요. 그런데 보통 아이들보다 몸무게가 1킬로그램 정도 더 크게, 4.1킬로그램으로 나왔어요. 선생님들도 많이 걱정하셨는데 다행히 아기도 저도 건강하게 잘 지내고 있어요. 그리고 지금은 두 달 만에 8킬로그램이 됐어요.

아, 원래 그런 속도인가요?

보통은 돌 정도 돼야 그 정도 무게가 나가는데 아주 빨리 자라고 있어요. 잘 먹고 잘 자요. 컨디션이 무척 좋은 편이어서 밤에 한 번도 안 깨요. 지금 모유 수유를 하는데, 보통 아기들은 길게 먹을 수 없어서 자주 먹여야 해요. 하지만 이 아이는 아침, 점심, 저녁 세 번만 먹어요. 잘 먹고 잘 자니까 육아가 너무 행복하더라고요.

아이를 키우는 일이라는 게 부모가 먹는 것, 입는 것, 보고 말하는 것까지 전부 아이에게 맞춰야 하는 거잖아요.

아이를 갖고 〈리턴〉이라는 드라마를 했잖아요. 중간에 투입돼서 사람들이 많이 힘들었겠다, 마음고생했겠다, 위로해주셨어요. 사실 의외로 제가 마음고생을 잘 안 하는 성격이라 괜찮았어요(웃음). 대신 촬영을 하면서 캐릭터의 감정이 극으로 치닫고 결국 자살로 마무리되는 역할이었기 때문에, 그게 태아에게 영향을 주지는 않을까 걱정했어요. 혹시라도 예민하고 까칠한 성격이 되면 어쩌나 하고요. 그런데 의외로 너무 순한 거예요. 아니, 태교가 영향이 있긴 한 거야? 그러면서 웃었죠.

아무튼 컨디션이 좋아 보여서 다행이에요. 오늘 나누려는 대화는 환경에 대해서예요. 진희 씨는 친환경 연예인으로도 유명하잖아요. 가장 대표적인 일화가 2007년 서해안 기름 유출 사고 때였죠. 언론에 알리지 않고 제

거 작업을 하러 가서 화제가 됐던 기억이 나요.

그때 아주 국가적으로 난리가 났잖아요. 소식을 듣고 어떻게 하지 그러고 있는데, 다행히도 많은 사람들이 자발적으로 도왔어요. 그래서 저도 매니저한테 전화를 했어요. 가서 일손을 도울 건데 함께할 사람이 있으면 같이 가자고요. 그랬는데 떠나기 이틀 전 즈음에 배용준 선배님이 기부를 하신 거예요. 그것도 아주 큰 금액을요⋯. 나도 돈을 내야 하는 거 아니야? 다른 연예인들은 돈을 내는데, 박진희는 몸으로 때운다더라 그렇게 생각하면 어떻게 하지? 고민이 되더라고요. 그래서 절대로 알리면 안 되겠다 싶어서 마스크 쓰고 모자 쓰고 조용히 간 거죠(웃음).

아니, 뭐 어때요. 더 좋고 덜 좋은 일이 어디 있어요.

아니야, 절대 안 돼. 아무튼 그렇게 갔는데, 현장에서 너무 감동을 받았어요. 우비랑 장화를 받는 줄이 100미터가 넘는 거예요. 그야말로 끊임없이 줄을 서더라고요. 그런데도 한편으로는 조금 안타까웠던 게, 정말 많은 분들이 좋은 의미로 도움을 주는데 장갑이나 우비 같은 일회용품이 또 한쪽에 아주 커다랗게 쌓이고 있더라고요. 거기서 깨달은 세상의 이치가 있어요.

그게 뭐예요?

환경 문제를 거론할 때 발전과 환경을 위해 어떤 걸 선택해야 할지 늘 고민이 있잖아요. 예를 들어 플라스틱을 쓰지 않는다면 좋겠지만, 또 당장 쓰지 않는다면 생활 편의가 너무 떨어지는 거예요. 삶의 질이 떨어질 텐데, 고민하게 되고요. 언젠가 제 SNS에 일회용 컵 대신 텀블러를 쓰자고 얘기한 적이 있어요. 그랬더니 어떤 친구가, 자기 부모님이 영세한 공장에서 종이컵을 만드는데 무척 힘들게 일하신다는 거예요. 자기도 텀블러가 옳은 건 알지만 종이컵을 만들지 않으면 살 수 없다고요. 거기에 대고 그래도 종이컵을 만들지 말라고 할 수는 없잖아요. 각자의 삶에서 무엇이 더 옳고 그른지 더 나은 선택을 해야 할 때 너무 힘들더라고요.

선善은 결국 상대적일 테니까요.

맞아요. 환경 문제는 지금 과도기라서 더 그런 것 같아요. 사실 친환경이라

는 말이 나온 지 얼마 되지 않았거든요. 경각심을 가지고 문제의식을 느끼는 일이 얼마 되지 않으니 끊임없이 고민을 하는 거겠죠.

그래도 분명 선택을 해야 하는 순간이 있잖아요. 그리고 거기에는 분명한 책임도 따르고요.
배우처럼 평범하지 않은 일을 하는데 집에서 아기만 보고 있으면 불안하지 않느냐는 질문을 받은 적이 있어요. 물론 제가 혼자일 때는 일에 올인할 수 있었지만, 가정을 가진 다음에는 에너지를 둘로 나눠야 해요. 욕심내서 결혼 전처럼 일하려면 그걸 받아주는 남편과 아이가 있어야겠죠. 하지만 그들은 행복하지 않을 거예요. 제 선택은 일을 조금 덜 하는 거예요. 덜 하는 동안 가정에 충실해야죠. 가정에 충실할 때 오는 행복이 분명히 있어요. 그래서 일을 쉴 때도 불안하지 않아요.

자기 앞에 놓인 것에서 행복을 찾는 거네요.
자연에게 많이 배웠어요. 조바심 내지 않는 거죠. 아이를 키울 때 누구네 아기는 몸을 뒤집었다는데, 또 누구 아기는 걸었다는데 하고 비교하지 않아요. 자연에는 늦게 자라는 나무도 있고, 뚱뚱한 나무도 있고, 날씬한 나무도 있잖아요.

좋네요. 이곳은 저녁이 되니까 풀벌레 소리가 더 잘 들리네요.
정말 좋아요. 저희 집은 아파트인데도 창문을 열어놓고 자면 풀벌레 소리가 너무 잘 들려요. 자연 속에 있는 기분이에요.

자연스러운 삶이라니까 생각나는데 그 당시에 '북극곰을 위한 일주일'이라는 프로젝트에서 문명의 혜택 없이 일주일을 살기도 했잖아요?
화석연료를 안 쓰고 일주일을 살아보는 거였어요. 일단 전기를 쓸 수 없고, 어딜 갈 때도 자전거를 타고. 정 스케줄 때문에 안 될 때만 대중교통을 이용했어요. 일단 전기를 쓸 수 없으니까 100년은 거슬러 사는 거죠. 밥 한 끼를 먹으려 해도 아주 많은 시간이 걸렸어요. 하나뿐인 화구에 불을 피우고, 밥 하고, 국 끓이고, 반찬 준비하니까 8시부터 준비한 아침을 11시에 먹게 되는 거예요. 바로 또 점심 준비해야 하고. 이게 말이 안 되는 거죠. 그러고 보면 인스턴트 음식이 나오고 배달이 발달하면서 우리는 얼마나 많은 시간을 절약했나 생각하게 됐죠. 그 절약한 시간을 또 다른 일을 하는 데 쓰도록 하는 게, 혹시 우리를 노동의 노예로 만들려는 속셈 아니야? 그런 생각도 하고요(웃음).

그게 또 그렇게 연결되네요.
밥 먹을 시간 줄여서 노동을 하게 만드는 게 뭔가 꿍꿍이가 있어요(웃음).

예전 자료를 찾아보니 욱한 성격 때문에 생긴 일화들도 있더라고요.
예전에는 정의감에 불탈 때가 있어서 잘못된 거 있으면 따지고 신고하고 그랬어요. 어릴 때 산 밑 쪽에 산 적이 있어요. 위에서부터 시냇물이 흐르면 참 좋았는데, 어느 다리를 기점으로 썩은 물이 되어 흐르더라고요. 악취도 심하고요. 왜 그럴까 하다가 어느 날은 마음먹고 이유를 찾아봤어요. 어떤 한 지점에서 폐수가 완전히 시냇물로 이어져서 흐르더라고요. 담당 공무원에게 확인해달라고 신고했어요. 그런데 일주일이 지나도 조치가 없는 거예요. 다시 물어보니까 깜빡 잊었대요. 어떻게 깜빡 잊을 수가 있냐고 소리를 질렀죠. 그 뒤로도 아무것도 바뀌지 않아서 청와대 신문고에 내용을

올렸어요. 그랬더니 곧 연락이 와서, 어떻게 처리할 거라고 담당자가 친절하게 설명하더라고요. 그러면서 그분이 말씀하시길, 자기가 딸이 둘 있는 가장인데, 이런 게 올라가면 감봉이 되고 승진에 영향이 있다고요. 분명 자신이 잘못한 일이지만 일이 많아서 그런 거니까 너그러이 이해해달라고 하시더라고요. 그 뒤로 신고하는 걸 끊었어요. 저는 젊은 혈기에 얼마나 우쭐했겠어요. 정의감으로 너를 벌하고 말 거야, 그런 마음이었을 거 아니에요. 지금 생각해보면 그게 과연 누구를 위한 일이었을까, 왜 다른 사람의 처지를 돌아보지 않았을까 반성하게 되더라고요.

겉으로는 강한 척해도 계속 마음 쓰는 성격 같아요.
귀가 얇은 거죠, 뭐.

대학원에서 사회복지를 전공한 것도 그런 성격 때문이에요?
사실 이것도 환경하고 관련이 있어요. 제가 환경영화제 홍보대사로 대상을 시상하게 됐어요. 러시아의 사람을 잡아먹는 호랑이와 그를 잡으려는 가난한 인간의 이야기를 다루는 영화였는데, 결국 호랑이는 사람 손에 죽죠. 그런데 알고 보니 호랑이는 새끼를 지키기 위해 사람을 해쳤던 거였어요. 죽은 호랑이의 몸에는 이전에도 받았던 총알이 몇 개나 박혀 있는 상태였고요. 그걸 보면서 인간이 살기 힘들 때 환경을 파괴하는구나, 자연을 훼손하는구나 생각했죠. 사회복지라는 것이 사람이 살 수 있는 최소한의 서비스를 제공하는 거잖아요. 자연을 위해 사람을 살게 해야겠구나 해서 공부하게 됐죠.

그러고 보면 오늘 대화하려던 자연 이슈도 결국에는 '함께 산다'라는 걸 전제하는 거잖아요. 내 주변을 돌아보는 태도 같은 것 말이에요.
그때는 그렇게 공부를 시작했지만 논문을 쓸 때는 내가 왜 그랬을까, 미쳤지 하면서 푸념했죠(웃음). 아무튼 저한테는 아주 의미 있는 시간이었어요.

요즘은 많은 유명인이 환경 관련 캠페인에 동참하고 있어요. 반가울 것 같아요.
네, 반가워요. 특히 방탄소년단이나 박보검 씨 같은 분들이 공개석상에서 잠깐이라도 언급을 해준다면 얼마나 좋을까 생각해요. "여러분 빨대 사용하지 마세요."라고 말해준다면 그 팬들이 얼마나 큰 영향을 받겠어요. 저보다 훨씬 파급효과가 큰 거죠. 이유야 어쨌든 좋은 결과물을 가져올 수 있다면 얼마나 좋은 일이에요.

〈레버넌트: 죽음에서 돌아온 자〉의 레오나르도 디카프리오 역시 수상 소감을 통해 자연에 관한 메시지를 던졌잖아요. 서울 어느 조그만 마을에 사는 제가 볼 정도면 그 영향력이야 말할 것도 없겠죠.
맞아요. 너무 사랑해요. 저 디카프리오 되게 좋아하거든요. 멋있는 오빠가 저런 수상 소감까지 하다니. 저 오빠 완전 짱이야, 그러면서 봤어요.

최근에는 진희 씨의 오랜 시간 동안 이어온 활동들이 사실은 나중에 정치 활동으로 이어지는 것 아니냐는 의혹(?)도 있었어요(웃음).
정치요? 아, 한 TV 프로그램에서 김다래 씨가 우스갯소리로 한 건데요. 전혀 아니에요. 인터뷰를 하면 꼭 환경에 관련한 생각을 한마디로 정리해달라고 질문받고는 해요. 저는 늘 자기가 행복한 만큼 각자 실천하는 게 좋다고 대답하죠. 누군가는 텀블러 쓰고, 빨대도 안 쓰고, 재활용, 재사용만 한

다는데 그걸 다 따라하려면 버겁겠죠. 그러니까 내가 할 수 있는 만큼만 하는 거예요. 다 귀찮고 물만 아껴 쓸래 하면서, 15분 하던 샤워를 10분으로만 줄여도 멋진 거고요. 그만큼 제 꿈이 원대하진 않아요. 정치라니, 가당치도 않죠.

보통 자기 생각이 옳다고 믿으면 주변에 강요하는 경우도 많잖아요.
저도 옛날에는 아주 심했어요. 만나는 사람들마다 빨대 쓰지 말라고 강요하고, 매니저가 엘리베이터 버튼 누르면 2층 가는데 왜 누르냐고 버럭 하기도 하고요. 그런데 어느 순간 자신이 행복한 게 중요하다는 생각이 들었어요. 맨날 텀블러 쓰다가 오늘 하루 안 가지고 왔는데, 커피가 너무 먹고 싶으면 먹는 거예요. 예전에는 일회용 컵밖에 없으면 절대로 안 먹고 오히려 텀블러를 하나 더 샀는데, 그게 과연 환경을 위한 일인가 다시 생각하게 되더라고요. 물론 텀블러를 사용하고 자연을 생각하는 게 나한테 무척 중요한 일이지만 당장 커피를 먹는 게 행복하면 그걸 따라야 하겠죠.

저는 꾸준함이 곧 진정성이라고 생각하는데요. 꾸준하게 하려면 지치지 않아야 하고, 더 나아가서는 그게 생활이 되어야 한다고 믿는 편이에요. 그런 의미에서 방금 이야기가 이해돼요.
텀블러를 가지고 있다가 생각나는 날 들고 나가면 되는 거죠. 의무감을 가지면 한 달밖에 못 해요. 그런데 오늘은 안 가지고 왔지만 내일 들고 나와야지, 생각하면 일 년을 해요. 그게 습관이죠.

물론 습관을 들이는 게 쉽지는 않겠죠.
노력하면 길이 보이더라고요. 저도 처음에는 샴푸와 린스를 다 썼어요. 그러다 린스 대신 식초를 쓰기 시작했는데, 누가 식초 냄새가 난다고 해서, 안 되겠다 싶어 밀가루를 사용했어요. 샴푸 대신 비누를 쓰기도 하고요. 그런데 작품 들어갈 때 푸석푸석한 상태로 드라이를 했더니 머리가 그냥 뜨는 거예요. 안 되겠다 싶어 잘 분해되는 샴푸를 찾아서 쓰기 시작했죠. 큰 애를 키울 땐 천 기저귀만 썼어요. 일회용은 많을 때는 하루에 15개도 쓰더라고요. 열흘이면 150개잖아요. 어마어마한 양이죠.

천 기저귀를 쓰기가 쉽지 않았을 텐데요?
집에서야 괜찮은데 외출이라도 하면 사용한 천 기저귀를 비닐봉투에 넣어야 하잖아요. 그것도 문제가 되는 거죠. 그래서 이번 둘째 때는 자연 분해되는 옥수수 전분 기저귀를 사용해요. 180일 안에 분해되는 대신 가격이 만만치 않아요. 그래서 집에서는 천 기저귀를 쓰고 외출할 때는 전분 기저귀를 혼합해서 사용하죠.

환경에도 많은 분야가 있을 텐데 그럼 요즘 진희 씨는 육아 쪽 이슈에 가장 관심이 가겠어요.
맞아요. 애기 키우다 보니까 일회용 쓸 일이 너무 많아요. 기저귀도 그렇고, 분유도 요즘에는 일회용으로 나오는 게 있어요. 애기 옷도 일회용은 아니지만 너무 빨리 입고 버리니까, 저는 그래서 다 얻어 입혀요. 어느 날 문득 그런 생각이 들더라고요. 아이가 어릴 때 쓰던 일회용품들이 이 아이가 장수해서 오래 산 뒤 저 세상에 갔을 때도 살아 있다면 얼마나 끔찍하고 무서운 일일까.

그걸 웃으면서 얘기하네요(웃음).
그러니까 우리 아이가 아주아주 장수했을 때(웃음) 말이죠. 장수, 그게 전제예요. 이 소중한 아이가 자연을 죽이고 가는 건 너무 슬픈 일이잖아요.

아이가 태어났을 때 자연과 공생할 수 있는 방법을 찾는 것이 엄마로서의 의무 같더라고요. 그래서 옛날보다 더 심도 있게 고민하고 있어요.

아이에게는 어떤 이야기를 해주나요?
첫째가 지금 다섯 살인데 엄마 화장품에 관심이 많아요. 그러면 저는 이렇게 얘기해요. 엄마한테 소중한 거야. 함부로 만지지 말아줘. 만지고 싶으면 엄마한테 물어봐줘. 아이는 이제 소중한 게 어떤 의미인지 알아요. 소중한 건 조심조심 다뤄야 하고, 예뻐해줘야 한다는 걸 인식했어요. 그런데 이 아이가 요즘 물놀이를 좋아해요. 빨래하는 시늉도 하고, 샤워기 물 맞는 것도 무척 좋아해요. 그럼 제가 또 말하죠. 물은 정말 소중한 거야. 물을 마구 쓰면 엄마하고 자연한테 소중한 걸 함부로 하는 거라서 너무 슬퍼. 속상해. 이렇게 얘기하면 금방 알아들어요. 저는 어릴 때 불 꺼, 물 꺼, 맨날 이런 소리만 들었는데, 엄마의 그런 근검절약 정신이 어쩌면 이렇게 대물림되는 것 같아요.

소중함의 의미를 알려주는 게 좋은 거 같아요.
그래서 아이는 벌레도 잘 만지고 벌레 죽이는 걸 되게 싫어해요. 엊그제 집에 귀뚜라미가 들어왔는데, 저는 너무 놀라서 남편한테 좀 잡아달라고 하니까 옆에서 아이가 "죽이면 안 돼! 죽이지 마!" 소리치더라고요. 아이가 생명을 올바르게 바라보는 게 기뻤어요.

SNS를 보면 아이와 함께 웃고 있는 사진이 많아요. 감사하다는 표현도 많고요.
그래요? 제가 행복한 사람인가 봐요. 특히 요즘 날씨가 참 좋잖아요. 장난으로 남편에게 "얼마에 살래?" 하고 물어요. 그럼 십 만원, 이십 만원, 콜, 그런 대화하며 놀아요. 날씨가 좋은 날은 돈 번 거 같은 기분이 들더라고요.

저도 언젠가부터 하늘이 맑으면 기분이 좋더라고요. 바람도 좋고 햇빛도 좋고요. 자꾸 주변으로 눈을 돌리는 것 같아요.
나이 들면 그런 게 있어요. 자연스러운 거예요.

자연스럽다는 표현이 나와서 생각났어요. 임신하면 뚱뚱해지는 게 자연의 이치라고 방송에서 말한 적 있죠?
임신해서 뚱뚱해진 모습을 SNS에 올리려고 했더니 소속사에서 그런 건 다른 사무실에서 하라고 하더라고요(웃음). 제가 지금 출산 후에 아직 8킬로그램 정도가 안 빠졌거든요. 아마 첫째를 낳았을 때라면 인터뷰 안 했을 거예요. 하지만 이제는 그게 자연스럽다는 걸 알아요. 사실 출산하고 두 달 만에 날씬하게 복귀하는 사람들도 있긴 있어요. 그건 체질이거나 본인이 아주 큰 노력을 한 거예요. 하지만 저는 그렇게 노력할 수 있는 사람도 아니고, 또 수유를 하려면 잘 먹어야 하니까 포기했죠. 이게 자연스러운 거잖아요.

웃으며 넘길 수 있는 에피소드 같지만 저는 그게 진희 씨의 삶을 관통하는 태도라고 생각해요.
좋게 봐주시니 감사해요.

배우에게 솔직함이란 때로는 미덕이 되기도 하지만 또 반대로 걸림돌이 되기도 할 것 같아요. 이미지를 가지고 산다는 면에서요. 어떤가요?
크게 신경 쓰지 않아요. 사실 제가 트렌드를 이끌어가는 배우여서 입고 나오는 옷마다 '완판' 되고 그러지는 않잖아요. 언젠가 영화 제작자 언니가 저한테 너는 너무 많은 영화에 거론된다고 하더라고요. 캐스팅보드 여기저기에 제 얼굴이 붙어 있어요. 그러면서 제가 꼭 해야 하는 역할이 있는 배우가 아니라고 했어요. 그 말은 곧 이 배역도 할 수 있고 저 배역도 할 수 있는 장점이 있다는 뜻이잖아요. 그 얘기를 듣는데 되게 행복했어요. 배우를 떠올릴 때 어떤 한 배역이 크게 떠오른다면 그 배우는 할 수 있는 게 많이 없잖아요.

뚜렷한 캐릭터가 오히려 굴레가 될 수도 있는 거네요.
저는 평범해요. 유난히 예쁘지도 않고 유난히 스타일리시하지도 않고. 푼수 같은 역도 하다가 〈리턴〉 같은 것도 하다가, 또 어떨 때는 옆집 누나 같은 역할도 하고, 그런 게 저한테는 좋더라고요.

자꾸 겸손하게만 얘기하는데, 오히려 진희 씨야말로 나이들수록 더 많은 걸 보여주는 배우라는 생각이 들어요. 배우와 배역이 주름 하나까지 함께 깊어지는 거겠죠.
좀 평범하지 않아요?

아니요, 절대로요.
신랑한테 말해줘야지(웃음).

너무 〈연예가중계〉 같은 질문은 안 하려고 했는데, 얘기가 나왔으니까 물어볼게요. 관객들은 진희 씨가 어떤 배우이길 바랄 거 같아요?
제가 착하고 바른 이미지가 조금 있나 봐요. 역경이 있어도 캔디처럼 일어나는 역할을 많이 해봐서, 아마도 그런 걸 기대하지 않으실까요? 하지만 저는 악역을 해보고 싶어요. 악역이라기보다는 질펀한 역할? 산전수전공중전까지 다 겪은 작부가 저기 어디 구석으로 가서 사는 그런 얘기. 망가질 대로 망가진 그런 역을 해보고 싶어요. 어디까지 망가질 수 있을지 저 자신도 보고 싶어요.

혹시 그게 사람이 아니어도 되나요? 그러니까 지구에서 사람이 아닌 다른 역할, 다른 삶을 산다고 가정해본다면요.
음, 되게 이상한 답이 될 수도 있을 텐데 저는 제가 지구라고 생각해요.

어떤 의미예요?
가만히 보니까 자연이 다 연결되어 있더라고요. 단독으로 혼자 살거나 혼자 우뚝 설 수 없는 거죠. 북극곰의 죽음이 곧 인간의 미래인 것 같고, 인간이 행복해야 지구도 행복해지는 게 아닐까요? 제가 자연의 일부잖아요. 지구의 일부이자 모든 것이죠. 그렇기 때문에 내가 나를 해치는 일은 하고 싶지 않아요. 결국 내가 친환경적인 삶을 살지 않으면 그게 나와 내 가족을 해치는 일이 될 거라고 생각해요. '멋진 말 하려고 일부러 그러는 거 아니야'라고 여길 수도 있지만, 저도 지구이고, 제 아이도 지구이고, 하다못해 벌레도 지구라고 생각해요. 그래서 어느 하나 함부로 해할 수 없고 다치지 않아야 한다고 말이에요.

우문현답이네요. 마지막으로 레오나르도 디카프리오 같은 연설이 필요해요. 모두가 모인 시상식 자리에서 어떤 얘기를 하고 싶은가요? 기왕이면 자연과 관련해서요.
처음 쓰레기봉투를 사서 쓰고 분리수거 하라고 했을 때 반발이 심했어요. 하지만 이제는 그걸 당연하게 여기잖아요. 지금 우리나라처럼 잘돼 있는 나라도 드물죠. 이렇듯 환경을 생각하는 것이 일부의 의무와 책임을 넘어서 모두가 당연하다고 느껴야 해요. 교육돼야 해요. 어떻게 하는지가 아니라 왜 해야 하는지 이유를 먼저 배워야겠죠. 조금 더 구체적이고 깊숙한 교육이 있다면 좋겠어요.

미리 생각해본 거 아니죠?
배우인 이상 그런 기회가 왔을 때 어떤 말을 할 수 있을까 늘 상상해보죠. 그럴 때마다 두려움이 앞서요. 환경에 대한 나름의 생각을 말했을 때 사람들이 그걸 제 진심으로 온전히 받아줄까 하는 두려움이요. 그래서 처음에는 인터뷰를 통해 환경 문제를 말하는 걸 꺼렸어요. 하지만 두려워도 조금씩, 자연스럽게 말하는 법을 배워가고 있어요.

이미 진정성은 충분하니까요.
저도 언젠가는 멋있게 말할 수 있겠죠?

그녀의 가방 속에서 찾은 물건들
쇠빨대, 대나무칫솔, 일회용 플라스틱 재활용,
약은 모아서 약국에 버리기.

어느 백발 남자의 조각들

류이치 사카모토 Ryuichi Sakamoto

피아노와 전자음악. 배우이자 영화음악 감독. 백발
의 일본인. 가장 순수한 상태의 음표. 지구의 소리
를 쫓는 사람. 류이치 사카모토라는 조각을 찾아서.

에디터 김건태 자료 제공 GLINT, SKMTDOC

첫 번째 조각
떠내려온 피아노

함께 들을 음악: Merry Christmas Mr. Lawrence

2011년 3월 11일, 일본 북동쪽 해안에서 진도 9의 대지진이 일어났다. 10미터가 넘는 해일이 몰려왔다. 새들은 하늘을, 바다는 땅을 덮었다. 많은 사람들이 길을 잃었고, 물건들은 주인을 잃었다. 많은 것들이 그곳에 묻혔다.

그로부터 1년 뒤, 왜소한 체형의 백발노인이 낡은 피아노 앞에 서 있다. "잘도 버텨냈군." 쓰나미에서 살아남은 피아노라고 했다. 남자는 뭍으로 떠밀려온 새끼고래를 어루만지듯, 조심스러운 손으로 건반을 누른다. 망가진 피아노 앞에 앉아 한때 누군가의 위안이었을 소리의 기억을 가늠해본다.

위안, 삶의 터전을 잃은 사람들에게 음악이 해줄 수 있는 일을 생각하는 것. 불 꺼진 대피소, 이재민들 앞에서 세계적인 음악가 류이치 사카모토는 조금 송구한 표정을 짓는다. "부디 편하게 들어주십시오." 상처를 안고 있는 사람들에게 할 수 있는 말은 많지 않다. 그는 가만히 앉아 연주를 시작한다. 곡은 1983년 작품 〈전장의 크리스마스〉의 OST 'Merry Christmas Mr. Lawrence'. 숲의 소리, 커다란 나뭇잎에 떨어지는 빗방울처럼 툭툭, 무심하게 시작한 연주. 피아노의 청량함과 첼로의 중후함, 바이올린의 처연함이 서로에게 몸을 기대며 하나로 어우러진다. 사람들은 열광도 환희도 없이 거장의 연주를 지켜본다. 말이 사라진 2012년 일본의 어느 중학교 강당에서 음악은 그저 공기처럼 자연히 놓일 뿐이다.

LIFE,

두 번째 조각
천재의 젊은 시절

함께 들을 음악: Rain

젊은 시절의 류이치 사카모토는 재능 많은 아이돌이자 배우였다. 도쿄예술대학에서 작곡을 전공한 그는 '옐로우 매직 오케스트라Yellow Magic Orchestra'라는 3인조 일렉트로닉팝 밴드로 데뷔한다. 그를 점잖은 피아니스트로만 알았던 사람이라면 의외의 과거라고 생각할 수도 있겠지만, YMO는 일본 대중음악사에 커다란 획을 그은 슈퍼밴드로 회자되고 있다. 그들의 음악은 한때 유행하던 '시부야케이' 음악의 시초로 평가되는데, 다이시댄스Daishi Dance나 프리템포Free TEMPO 역시 그들의 유산을 물려받은 뮤지션으로 손꼽힌다.

류이치 사카모토는 〈전장의 크리스마스〉에 이어 〈마지막 황제〉에서도 연기와 음악을 병행한다. 창춘에서 뉴욕, 다시 런던을 오가며 일주일간 45개의 곡을 쓰는 등 정력적인 활동을 펼친다. 특히 〈마지막 황제〉를 통해 동양인 최초로 아카데미 음악상을 받게 되는데, 수록곡 'Rain'은 중국의 마지막 황제 푸이와 황후의 이별 장면에서 등장하며 인물의 복잡한 심리를 극대화한다.

세 번째 조각
암에 걸린 남자

함께 들을 음악: Fullmoon

'암은 편도선 안쪽, 3기 판정. 림프절까지 전이될 수 있다. 현재 3개 있음.'
남자는 암을 선고받고 무기력하게 앉아 있다. 20대에 처음 대중 앞에 나선 뒤 처음 있는 휴식의 시간이다. 잘만 치료하면 과반
수는 나을 수 있고, 피아노를 치는 데는 무리가 없을 거라는 말에 그는 안도한다. 하지만 몸무게가 10킬로그램 이상 빠지고, 면
역력이 떨어져 치아 조직은 죽어버렸다. 죽음에 가까운 사람은 무슨 생각을 할까. 지나온 삶을 반추하거나 다가올 미래를 갈망
할까. 그러나 그의 머릿속에는 온통 단골집에서 즐겨 먹던 가쓰카레뿐이다. 그는 휴대폰에 오므라이스와 낫토 사진을 저장해놓
고 투병을 견딘다.
암을 경험한 후 류이치 사카모토의 음악적 방향은 조금 더 집요해진다. 그는 미래의 불확실한 약속 대신 지금 자신이 가장 듣고
싶은 '소리'를 찾기로 한다. [async]에 수록된 'Fullmoon'은 자신이 작업한 〈마지막 사랑〉의 일부를 재해석한 곡으로, 소설가
폴 볼스Paul Bowles의 낭독과 함께 영원성에 대한 메시지를 던진다.

"언제 죽을지 모르기 때문에 삶이 무한하다 여긴다. 모든 건 정해진 수만큼 일어난다. 극히 소수에 불과하지만, 어린 시절의 오
후를 얼마나 더 기억하게 될까? 어떤 오후는 당신의 인생에서 절대 잊지 못할 날일 것이다. 네다섯 번은 더 될지도 모른다. 그보
다 적을 수도 있겠지. 꽉 찬 보름달을 얼마나 더 보게 될까? 어쩌면 스무 번. 모든 게 무한한 듯 보일지라도."

네 번째 조각
지구의 소리를 모으는 일

함께 들을 음악: Solari

남자는 숲으로 간다. 마른 낙엽을 밟고, 버려진 플라스틱 통을 때린다. 드럼통의 울림, 바람의 스침, 자벌레의 움직임. 모든 게 그의 주머니에 담긴다. 남자는 북극으로 간다. 화이트아웃으로 방향감각을 상실한 채 하염없이 걷고, 빙하 사이에서 가장 순수한 물의 소리를 찾은 뒤에는 아이처럼 웃는다. 비가 내리면 남자는 파란색 플라스틱 통을 머리에 쓰고 뒷마당으로 나간다. 비와 물통의 공명을 듣기 위해서다. 그리고 다시 처음으로 돌아가 후쿠시마, 피아노가 떠내려온 그곳에서 남자는 오염된 모래를 밟는다. 망가진 피아노를 생각한다.

"쓰나미가 순식간에 밀려와서 소리를 자연으로 되돌려 놓은 겁니다. 그래서 나는 자연이 조율해준 그 쓰나미 피아노 소리가 굉장히 좋게 느껴져요. 억지로 조율한 피아노 소리는 인간에겐 자연스러운 소리겠지만 자연의 관점에서는 아주 부자연스러운 거죠. 그런 억지스러움에 대한 혐오감이 내 안에 있는 것 같아요."

소리의 영원성, 그리고 자연스러운 소리에 대한 집착으로 그는 [async]라는 결과물을 낸다. 다른 누구도 신경 쓰지 않고, 그저 자신이 가장 듣고 싶은 음(악)을 만들었다는 남자. 지구의 소리를 모아 만든 이 앨범에는 몇 가지 규칙이 있다. '아침, 일어나서 바로 머릿속에 떠오르는 음을 아날로그 신시사이저로 표현할 것', '수집한 소리들을 저마다의 고유한 템포를 가진 음악으로 만들 것', '바흐의 합창곡을 은은하게 깔아놓은 듯한 음색에, 마치 아무런 규칙 없는 안개의 움직임 속에서 엄밀한 논리가 모습을 드러내듯 할 것' 그렇게 류이치 사카모토는 'Solari'라는 곡을 통해 끊임없이 동경하던, 바흐의 '코랄 전주곡'을 자신만의 색깔로 재해석한다.

"'async' 같은 음악에 정답은 없으니, 내가 낸 답은 100퍼센트 자의적인 것이다. 예를 들어, 아직 올라본 적이 없는 산에 지도도 없이 오르는 것과 마찬가지. 산 하나를 넘으면 다른 산이 보이기 시작한다. 그것이 언제까지 계속될지 나는 알지 못한다."

다섯 번째 조각
음악 그 이상을 위한 전시

함께 감상할 전시: 〈Ryuichi Sakamoto: LIFE, LIFE〉

피크닉은 〈ECM, 침묵 다음으로 아름다운 소리〉를 기획한 전시기획사 글린트가 운영하는 복합전시공간이다. 올해로 데뷔 40주년을 맞는 류이치 사카모토의 예술 세계를 돌아보고자 〈Ryuichi Sakamoto: LIFE, LIFE〉 전을 기획했다. 귀에서 몸으로, 소리에서 본질로 이어지는 한 예술가의 작품 여정을 설치예술의 형식으로 보여주고 있다.

01 | 세 개의 흐름이 교차하는 곳

류이치 사카모토가 작업한 영화의 한 장면을 중심으로, 음악가 자신의 공연 실황과 그 둘을 재해석한 유성준 작가의 영상을 나란히 두었다. 세 개의 스크린은 서로를 보완하고 변주하며 하나의 완성된 작품으로 재탄생한다.

02 | Water State 1

물의 순환에 매료된 류이치 사카모토는 야마구치정보예술센터 엔지니어들과 함께 네모난 물상자를 만든다. 324개의 노즐에서 떨어지는 물방울의 파동을 보고 있자면, 우주의 한 지점에서 지구를 내려다보는 듯한 기분이 든다.

03 | Insen with Alva Noto

노이즈 사운드의 거장 알바 노토Alva Noto와의 협업으로 이뤄진 이번 프로젝트는, 류이치 사카모토의 피아노 연주를 원자 단위로 분해해 영상과 노이즈로 재송출하는 작업이다. 사카모토가 끊임없이 찾고자 했던 소리의 근원과 맞닿아있다.

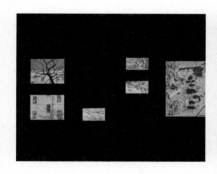

04 | Async-Volume

8년만의 새 앨범 [async]를 네 개의 공간에 나눠 전시했다. 특히 분할되어 영상이 나오는 액자에 귀를 기울이면 저마다의 소리가 들려온다. 모든 멈춘 풍경에도 저마다의 음악이 있다고 말하는 듯한 기획이다.

05 | LIFE-fluid, invisible, inaudible…

공중에 매달린 세 개의 수조를 올려다보는 형태로 구성된다. 내부에 설치된 진동자에 따라 수조의 물은 안개로 변하고, 시시각각 형상을 바꾸며 영상과 사운드를 '흐르게' 한다. 수조 아래 누워 몸에 번지는 얼룩을 보고 있으면, 소리는 우리 몸에 어떤 형태로 새겨지는가, 질문하게 된다.

06 | For Peace, For Life

전쟁과 원전, 온난화 등 지구의 아픔을 외면하지 않는 사회운동가로서의 류이치 사카모토를 조명한다. '예술이 선동의 수단이 되는 것을 지극히 경계하면서도, 자신을 둘러싼 사회의 모순을 결코 외면하지 않은 태도'라는 표현에서도 알 수 있듯 그는 늘 조심스러운 태도로 주위를 둘러본다.

Ryuichi Sakamoto: LIFE, LIFE

A. 서울시 중구 퇴계로6가길 30
H. piknic.kr
T. 02 6245 6372
O. 2018년 05월 26일~10월 14일

하나의 날씨

세 개의 시선

날씨는 어떻게 우리의 일상으로 들어와 작품이 될까? 날씨를 품은 사진, 날씨와 사진에서
영감받아 만들어진 음악, 다시 이들을 담은 영상까지. 하나의 날씨를 포착한 세 개의 시선.

에디터 김혜원 포토그래퍼 **Hae Ran** 자료 제공 **D MUSEUM, Space Oddity**

매 순간 자연의 힘을 느낀다. 바로 날씨를 통해서. 몇몇 거대한 날씨는 '자연재해'라 불리기도 하고 말이다. 우리는 날씨로부터 많은 영향을 받는데, 그 영향은 그날의 옷차림과 기분 등 개인의 사소한 영역에서부터 건축과 철학 등 문화로까지 이어진다. 그렇다면 날씨가 우리의 감각을 깨우는 직접적인 영감으로 작용할 수도 있지 않을까? 이런 생각을 한 두 그룹이 있다.

'디뮤지엄'에서는 〈Weather: 오늘, 당신의 날씨는 어떤가요?〉 전시가 한창이다. 날씨의 요소들, 예를 들어 햇빛과 눈, 바람, 뇌우 등을 담아낸 예술가 26명의 사진과 영상, 사운드, 설치작품을 소개하는 전시다. '스페이스오디티'는 음악을 캔버스 삼아 다양한 콜라보를 진행하고 있는 뮤직 크리에이티브 그룹으로, 디뮤지엄과 스페이스오디티가 '전시 OST'라는 이름의 프로젝트를 진행했다. 〈Weather: 오늘, 당신의 날씨는 어떤가요?〉 전시 작품에서 받은 영감으로 뮤지션들이 음악을 만들고, 이를 다시 영상(뮤직 필름)으로 담은 것이다. '세이수미'와 '오존', '오르내림 & 히피는 집시였다'가 각각 '햇살'과 '달빛', '장마'를 주제로 노래를 만들었고, 전시에도 참여한 영상 스튜디오 '갑웍스'가 뮤직 필름을 담당했다. 사진, 음악, 영상, 하나의 날씨를 표현한 세 개의 매체. 이들이 서로에게 어떤 영향을 주었을지 궁금해 직접 묻고 그 대답을 여기에 기록했다.

전시를 보고 음악을 듣거나 음악을 듣고 전시를 보는 것, 이는 전시와 음악을 즐기는 하나의 방법으로써 좋은 제안이 된다. 이를 통해 올리비아 비의 사진에서, 오존의 음악에서, 갑웍스의 영상에서 당신에게 영감이 되는 날씨의 무언가를 새로 발견할 수 있을지도 모른다.

Inspired by 햇살

Sellwood Docks (Oregon Summer), 2016 © Olivia Bee

Grace Hartzel, 2016 © Olivia Bee

11살 때부터 사진을 찍기 시작한 94년생 사진작가 '올리비아 비Olivia Bee'. 그는 자신의 일상과 그 시간을 함께하는 친구들을 사진으로 기록한다. 평범한 우리의 날들이 얼마나 아름다웠는지, 햇살이 더해진 꿈결 같은 그의 사진을 보면 알게 된다. 대표작 중 하나로, 우정과 사랑을 담은 'Kids in Love' 시리즈 또한 그렇다.

보컬과 기타의 최수미, 기타와 코러스의 김병규, 베이스의 하재영, 드럼의 김창원, 4명의 멤버로 구성된 '세이수미Say Sue Me'는 부산을 베이스로 활동하는 밴드다. 90년대 미국 인디록에 영향받은, 서프Surf 성향의 록을 연주한다. 2012년 밴드를 결성해 2014년 1집 [We've Sobered Up]을 발표했으며, 현재까지 두 장의 정규앨범을 냈다. 이번 전시 OST 프로젝트에는 올리비아 비의 'Kids in Love' 시리즈와 '햇살'에 영감받아 만든 'We Just'로 참여했다.

사진을 처음 봤을 때 느낌은 어땠나요?
수미 굉장히 젊다, 젊은 수준이 아니라 어리다는 느낌이 들었어요. 그리고 어디든 갈 수 있을 것만 같은, 무한한 미래가 있을 것 같은 그런 느낌이 좋았고요.

그 느낌을 'We Just'에 담으려고 한 거죠?
병규 저희는 신나는 곡이든, 차분한 곡이든 기본적으로 옛날에 대한 그리움이나 쓸쓸함을 갖고 있다는 평을 많이 들어요. 이번에는 그런 감정을 조금이나마 덜 느끼게끔 작업했어요. 이때까지 하던 곡 작업의 연장선으로 느낄 수도 있고 아닐 수도 있는데, 저희는 조금 다른 식으로 작업해보려고 했죠. 곡의 기초 작업을 제가 해요. 제 포지션이 기타이다 보니까 중간에 기타 솔로를 넣기도 해요. 이번에는 그런 것들을 최대한 배제하고 조금 더 팝스러운, 그리고 수미가 처음 말하던 그런 감정과 시선이 좀 더 담기도록 했죠. 곡을 더 타이트하게 편곡했고요.

가사도 너무 사랑스러워요.
수미 가사에도 과거를 돌아보는 느낌을 없애려고 노력했어요. 어릴 때 내가 어땠나 계속 생각하면서 쓰려고 했고요.

세이수미 하면 여름을 많이 떠올리잖아요. 날씨나 계절의 영향을 많이 받을 것 같은데, 어때요?
병규 계절마다 사람의 생체 리듬이 다르다고 해야 할까요. 여름엔 덥지만 밖에서 놀고 싶고, 겨울엔 차분해지고요. 계절에 맞는 곡을 만든다기보다는, 그냥 사람이 그렇게 되니까요. 여름에는 신나는 곡, 겨울에는 차분한 곡이 나오는 것 같아요.

보통 병규 씨가 곡을 쓰고 수미 씨가 가사를 쓰는 거죠? 한 곡에 대해 서로 어떻게 감정을 공유하는지 궁금해요.
수미 저희는 딱히 얘기를 많이 하지는 않아요(웃음).
병규 저는 기초 단계잖아요. 가사가 붙어 있지 않은 이상 곡은 그냥 하나의 형태로 흐물흐물하게 보일 뿐이에요. 가사가 있고 같이 가이드 작업을 하고 연습하며 곡이 조금 더 구체화되기 시작하거든요. 얘기를 나눈다고 한다면, 어느 가사에 포인트를 줘야 된다, 그 정도겠네요.

수미 씨는 가사의 소재를 어디에서 찾나요?
수미 듣고 같이 연주하면서 뭔가 어울릴 거 같은 것을….

딱 떠올라요?
수미 아니요. 절대 그렇진 않고요(웃음). 일기를 쓰거나 메모를 뒤져보다가 어울릴 것 같은 문장이 있으면 거기에 살을 붙이죠.

병규 하나 예를 들면, 저희 두 번째 앨범에 'Here'라는 곡이 있어요. 늦여름 밤에 귀뚜라미 소리가 좋아서 시작하게 된 곡인데요. 그 곡을 아무 설명도 안 하고 그냥 줬어요. 그런데 그 분위기를 캐치하고 비슷한 감정선의 가사를 썼더라고요. 그런 식으로 맞아떨어질 때도 있어요.

저는 사실 겨울에 만든 곡들이 어떻게 세이수미의 여름이라는 커다란 카테고리 안에 포함되는지, 겨울에 받은 감상이 어떻게 여름의 노래로 표현될까 조금 궁금했거든요.
병규 해변 도시 자체가 여름이라는 이미지가 강하죠. 그런데 해변이라고 해서 꼭 여름 이미지만 있는 건 아니잖아요. 겨울 이미지도 있는데, 겨울에도 여름 이미지로 느껴지는 거죠. 어쨌거나 저희가 항상 해변의 음악이나 무드를 가지고 있는 건 있죠.

소설가 조앤 디디온은 자란 곳의 지형이 사람을 만드는 것 같다고 했어요. 지형이 생각과 행동, 자아를 형성했다고요. 세이수미의 음악을 들으면 그 말이 맞는 것 같아요.
병규 기술적인 측면에서 보면, 저희가 한참 음악을 듣고 배우고 연습하고 어떤 작품 활동을 하려고 할 때가 고등학생이나 20대 초반이었어요. 당시에도 인터넷이 있었지만 (지방 사람으로서) 지금처럼 활발하게 정보를 취득하기가 어려웠죠. 서울의 메인 스트림을 잘 이해하지 못하고, 잘 모르고 그냥 저희끼리 하는 음악이 있던 거예요. 그런 것들이 오히려 지금에 와서 저희가 특별해질 수 있는 어떤 포인트가 되지 않았나 싶어요.
재영 영향을 안 받은 게 영향 같아요.

세이수미는 해외 활동도 활발히 하잖아요. 해외 투어에서 인상적인 도시도 있었을 것 같아요.

수미 지난봄 투어에서 제일 마지막에 영국의 한 페스티벌(더 그레이트 이스케이프 페스티벌The Great Escape Festival)에 참여했어요. 브라이튼이라는 도시예요. 거기가 해변으로 유명하더라고요. 해변이 진짜 넓어요. 그리고 모래가 아니고, 작은 자갈 같은 게 깔려 있고요. 정말 예뻤어요. 중간중간에 있는 피어Pier 위에서 공연도 했는데, 분위기가 엄청 좋았어요.

다들 겨울은 좋아하나요?

수미 저, 겨울 좋아하는 편이에요.
창원 저는 겨울 싫어해요. 따뜻한 날씨 때문에 부산에 왔거든요. 여름을 가장 좋아하는데, 올여름 생각하면 바뀔 것 같기도 해요(웃음).

여름 밴드라는 얘기를 너무 많이 봐서 그런가, 제가 자꾸 여름을 묻게 되네요(웃음).

수미 너무 많이 보이죠(웃음)? 여름의 그 느낌이 좋은데, 또 거기에 집착하는 편은 아닌 것 같아요.

눈 오는 날에는 세이수미의 어떤 곡을 들으면 좋을까요?

재영 'Good for Some Reason' 어쿠스틱 버전이요. 아직 음원으로는 안 나온 곡인데, 유튜브에서 라이브 영상을 볼 수 있어요.
병규 저희 레이블인 일렉트릭 뮤즈 10주년 컴필레이션 앨범이 있어요. 레이블 뮤지션이 한 곡씩 참여한 앨범이에요. 거기에 담긴 곡이 'Good for Some Reason'인데, 되게 빠르고 짧고 신나는 '여름여름한' 곡이에요. 이걸 재미 삼아 아예 정반대의 곡으로 편곡해본 거예요. 여름에 만든 노래를 겨울에 편곡한 거죠.
수미 진짜 겨울. 발매하게 되면 '윈터 버전'으로 해서 내려고 해요.

꼭 들어볼게요.

병규 '신촌전자'라고 하는 유튜브 라이브 세션 플랫폼이 있는데요. 거기에 라이브 영상이 있어요.
수미 조회 수는 낮지만 저희는 아주 좋아하는 노래예요.

저는 'Coming to the End'도 겨울 느낌이 난다고 생각했어요.

병규 그 곡도 마찬가지로 원곡이 따로 있어요. 빠른 연주곡이었는데, 노래를 붙여보고 싶다고 해서 다시 편곡한 거예요. 그때도 겨울이었네요. 계절의 영향을 받는다기보다, 거스르지 않아요. 그런 감정을 끌어오는 게 아니라 오면은 받고 안 오면 말고, 이런 식이죠.
수미 부산이라는 지역적인 특징이 우리한테 어떤 영향을 미치나 얘기했잖아요. 약간 비슷한 얘긴데요. 뭔가 거스르지 않는 게 있는 것 같아요. 억지로 뭔가를 끌어내지 않는 게 부산 사람의 특징 같아요. 그냥 있는 그대로. 저희가 조금 다 그런 성격이기도 하고요.

계속 부산을 베이스로 활동하는 거죠?

수미 그렇지 않을까 싶어요.

마지막 질문이에요. 앞으로의 계획, 목표를 말해주세요.

병규 겨울에 캐롤 앨범이 나와요.
수미 이제 여름 밴드라고 할 수 없습니다(웃음). 그리고 사실 목표 물어보면, 꾸준히 하는 거라고 얘기해요. 꾸준히 뭔가 계속하는 게 진짜 힘든 일이거든요.
재영 일단 눈앞의 목표는 건강하게 유럽 갔다 오는 거예요. 무탈하게, 엄마 아빠 걱정 안 시키고(웃음).

'갑웍스GABWORKS'는 이행갑, 최윤정 감독이 이끄는 영상 스튜디오다. 서울을 베이스로, 뮤직비디오, 다큐멘터리, 실험 영상, 사진 작업 등 다양한 장르에서 활동한다. 일상에서 관찰하고 포착한 이야기, 그것이 깃든 모습을 그대로 전달하고자 자연광을 살리는 조명, 현장의 호흡이 느껴지는 카메라 촬영을 선호한다. 이야기를 가장 솔직하게 표현할 수 있는 포맷을 늘 탐구한다. 〈Weather: 오늘, 당신의 날씨는 어떤가요?〉 전시에 아티스트로 참여했으며, 전시 OST 프로젝트에는 각 곡의 뮤직 필름 작업으로 함께했다. 음악을 해치지 않고 어떻게 느낌을 전달할 것인가에 대해 고민하며 각각의 뮤직 필름 작업을 진행했다.

'**We Just**'를 듣고 날씨 좋은 날에 어딘가로 떠나고 싶은 생각이 들었어요. 신나고 기분 좋았습니다. 경쾌하면서 빈티지한 사운드의 느낌을 잘 살려야겠다고 생각했어요.

영상에 담고 싶던 것은 뜨거운 햇살 아래 어딘가로 떠나고 싶은 한 여자의 설렘과 즐거움을 표현하려 했어요. 일단 노래 가사에 나오는 '여름, 햇살, 바다, 파도' 같은 이미지를 최대한 그대로 보여주려 했고, 다양한 컬러를 가진 소품을 활용해서 신나고 발랄한 느낌을 더하려 했죠. 빈티지한 영상 톤을 잡는 것도 중요했어요.

Inspired by 달빛

Hand, 2011 © Marina Richter

'마리나 리히터Marina Richter'는 사람과 그들 주변의 일상적인 것들은 연결하는 메타 내러티브Meta Narrative 작업을 하는 사진작가다. 'Hand'라는 작품명을 보고, 사진 속 빛나는 형체가 손인가 한다. 어둠 속 희미한 빛을 포착한 이 같은 작품들을 통해 작가는 "인생에서 우리의 감정을 움직이는 것은 무엇인가?" 같은 질문을 던지며 감성적 내러티브를 만들어낸다.

우리는 좋은 것을 말할 때 '나만 알고 싶은'이라는 문장을 수식어로 사용하는 것 같다. 이는 음악 스트리밍 사이트에 '오존03ohn'을 검색하면 나오는 문장이기도 하다. 오존은 2016년 10월, 자신과 주변의 이야기를 담은 EP [[0]]를 발표하며 데뷔했다. 한 번 들으면 잊혀지지 않는 매력적인 목소리와 노래. 오존의 'Moondance'는 마리나 리히터의 사진 'Hand'와 '달빛'에 영감받아 완성된 곡이다.

사진을 처음 봤을 때의 감상이 궁금해요.

처음에 우주 사진인 줄 알았어요. 반짝반짝하고, 손이 이렇게 있고. 우주는 되게 조용하잖아요. 혼자 있는 조용한 시간을 좋아하는데, 그런 비슷한 느낌을 받았어요. 친구와 방에 앉아 있다가 베란다 창문에 달이 엄청 크게 걸려 있는 걸 본 적이 있는데요. 그때도 되게 조용하고 좋았거든요. 그때가 기억나면서 이걸 주제로 해보면 잘 어울릴 것 같다는 생각이 들었어요.

사실 '달빛'을 날씨라고 할 순 없을 것 같아서 어떤 장소, 어떤 상황을 그렸을지 궁금했어요. 앞에 말한 상황을 노래에 녹인 거네요.

그렇죠. 가사에도 그때 상황들이 몇 줄 담겨 있어요. 그때 한 얘기나 생각들이요. 여름, 얼마 안 되었거든요. 자연스럽게 잘 이어진 것 같아요.

처음에는 자신을 위로하는 내용으로 가사를 썼다는 코멘트를 봤어요. 위로할 일이 있던 거죠?

그게 곡이 너무 안 써져서…. 이렇게 해본 게 처음이거든요. 어떤 주문을 받아서 주제 안에서 곡과 가사를 써야 하는 게 처음이었어요. 안 되니까 답답해서 약간 투덜대듯이 쓴 내용도 있었는데요. 다 써놓고 보니까 보편적으로 읽힐 수도 있겠다 싶은 거예요. 어떤 제 상황이나 누군가의 상황에 잘 어울릴 수 있겠다고 생각했어요.

보통 어떻게 음악에 접근하나요?

주제 없이 그냥 써요. 가사를 거의 제일 마지막에 붙이는데요. 특별한 주제 없이, 어떤 내용으로 해야겠다는 생각 없이 곡을 쓰다가 어떤 순간에 힌트를 얻거나 계기가 생겨요. 우연에서 오는 것들이 많아요. 거의 모든 작업이요. 계획대로 쓴 적은 별로 없는 것 같아요.

여러 곡이 동시에 진행되겠네요.

그렇죠. 지난 앨범도 그렇고, 곡 하나 만들고 다음 곡 만드는 게 아니라, 여러 개를 펼쳐놓고 동시에 완성하는 식으로 작업해요. 이거 만들었다가 저거 만들었다가, 왔다 갔다 하면서.

날씨를 주제로 하는 건 어땠어요?

그게 되게 추상적이니까, 오히려 구체적이지 않아서 더 어려웠어요.

평소 계절과 날씨에 영감이나 영향을 받는 편인가요?

영향은 많이 받는 편인데, 이렇게 작업으로 이어진 적은 없는 것 같아요.

일상의 소리를 가져오는 건 어때요? 소음이 잘 어울린다고 해야 하나, 오존의 음악은 길을 걸으면서 듣기에도 너무 좋아요.

그런 거 좋아해요. 'Moondance'에도 소음이 많이 섞여 있어요. 중간에 노래 안 나오는 부분, 제가 직접 샘플을 딴 건 아닌데요. 소음 같은 게 묶인 모음집이 있어요. 거기에 있는, 길거리에서 누가 채집한 소리를 섞었고, 제 목소리를 변조해 소음처럼 만들어 섞기도 했어요. 'Thoms Piano'라는 제 다른 곡에서도 그런 식으로 소음을 가져다가 썼고요. 어떻게 보면 사람들이 평소에 많이 듣는 소리잖아요. 소음이라고 해도 거부감 없이 자연스럽게 들려요. 그거만 들을 때는 음악이라고 할 순 없지만, 이렇게 섞이면 무척 흥미롭게 들려요.

주로 밤에 깨어 있는 편이라고 했어요. 그때는 어떤 시간을 보내는지 궁금해요.

일단 빛이 없고, 불필요한 소리도 없으니까 더 차분해져요. 아무도 방해를 안 하는 것 같은 느낌이 들어요. 그러면 생각이 많아지고 저 자신한테 많이 집중하게 돼요. 음악을 듣거나 작업을 하거나, 뭔가 집중할 수 있는 일을 하게 되네요.

오존이라는 이름, 산소 원자 세 개가 합쳐진 그 오존의 의미는 아닌 거죠?

그렇죠. 의도한 건 아니에요(웃음).

포털사이트에 검색하면 가수 오존이 한 번에 뜨지 않더라고요.
거의 안 뜨죠. 초등학생 때 친구들이 지어준 거예요. 과학 시간에 오존층을 배우고 나서. 이름이 오준호거든요. 그 이후로 그냥 '오존'이라고 불렸어요. 자연스럽게 오준호라서 오존이라고 부르는구나, 하고 있다가… 이렇게 될 줄 몰랐죠.

이름 쓸 때도 알파벳 'O' 하고 숫자 '3'을 쓰니까 오존의 느낌이 더 강했어요(웃음).
맞아요(웃음). 근데 그것도 처음에는 러시아 알파벳 'Ʒ'를 가져온 거거든요. 그런데 하고 보니까 다 그렇게 의미가 겹치는 게 있었어요.

"흥미가 있고 호기심이 생기고 재미있게 느껴지는 것들을 계속 해나가고 싶다."고 한 인터뷰를 봤어요. 요즘 관심 있는 건 뭔지 궁금해요.
요즘 식습관에 관심이 많아졌어요. 영양제나 과일, 먹는 걸 통해서 건강해지는 거요. 자취를 하다 보니까 먹는 것도 그렇고, 운동도 안 하고, 몸이 조금 안 좋아지더라고요. 먹는 걸 조금 바꾸면 괜찮아진다는 얘기를 들어서요.

그런 컨디션이 작업에도 영향을 주죠?
그렇죠. 잠을 잘 못 잔 날이거나 몸이 안 좋은 날엔 아무것도 못 하겠더라고요. 작업하려고 해도 집중이 안 되고…. 음악을 오래하려면 몸이 건강해야겠다는 생각을 해요.

음악과 관련해 흥미를 갖고 있는 게 있다면 뭘까요?
음… 작업 습관을 바꾸려고 노력하고 있어요. 얼마 전까지는 그냥 기다리고 있었거든요. 뭔가 떠오를 때까지. 계속 기다리고만 있다가 얼마 전부터 다시 악기를 붙잡고 있거나 연습을 하거나, 시간을 정해놓고 음악에만 집중해보고 있어요. 제가 처음 작업을 시작했을 때, 초창기의 그 흐름대로요.

머릿속으로 생각만 하고 안 하면 진짜 아무것도 안 될 것 같아서, 일단 붙잡고 있는 거예요. 붙잡고 있어야 나올 것 같아서.

글쓰기와 비슷하네요(웃음). 쓰든 안 쓰든 한 시간이라도 그냥 앉아 있으라는 말, 글쓰기 책에 무척 많이 나오거든요.
그런 것 같아요. 저도 글쓰기와 비교하는 걸 좋아해요. 음악 만드는 거랑 글 쓰는 거랑, 비슷한 구석이 많더라고요. 일단 글쓰기처럼 펜을 붙잡고 있는 거죠, 계속. 뭔가 써 내려가려면요.

혹시 지금 새로운 앨범 계획하고 있어요?
네. 올해 1, 2월에 앨범을 낸 것처럼 내년 1, 2월쯤에 앨범을 또 하나 내고 싶은데, 아직 아무것도 나온 게 없어요. 그래서 지금 좀 분주해요.

왜 1, 2월이에요?
그때 내보니까 그 시기가 제일 좋더라고요. 연말에 준비해서 새해 초에 내고, 그때부터 다시 활동하고요. 거의 3월부터 공연이 많이 들어와요. 공연하고 그러면 에너지가 분산되고, 집중하기 좋은 시기가 저는 지금, 가을이나 겨울쯤인 것 같아요.

곡들은 거의 가을이나 겨울에 완성되겠네요.
맞아요. 최근에는, 올봄과 여름에는 완성된 곡이 거의 없어요.

요즘 같은 가을 날씨에는 오존의 어떤 곡이 어울릴까요?
저는 'kalt'라는 곡을 조금 춥거나 선선할 때 듣는 걸 좋아해요. 뮤직비디오 찍었을 때라든지, 녹음했을 때라든지, 제가 그 곡에 갖고 있는 기억이 찬바람 불던 시기라서 그런 걸 수도 있겠네요. 그런데 곡 자체의 톤이나 분위기도 시원한 바람이 불어야 어울리는 것 같아요.

'**Moondance**'를 듣고 마음이 고요해지고 따뜻해졌어요. 자연과 나, 둘만 남은 것 같은 기분이었어요.

영상에 담고 싶던 것은 고요한 풍경 속에서 홀로 새벽 달빛과 마주한 여자의 모습이 떠올랐어요. 시간과 장소가 중요했기 때문에 사전 답사를 몇 번씩 가서 빛에 따른 공간의 변화를 체크했죠. 새벽이라는 시간대와 비현실적인 공간을 통해 마치 꿈을 꾸는 신비한 느낌도 주고 싶었고요. 그리고 배우가 그 순간을 온전히 느낄 때 나오는 얼굴과 몸짓을 담으려 했어요. 짧은 시간이었지만 기억에 많이 남는 촬영이에요.

Inspired by 장미

Erie, Pennsylvania, 2010 © Alex Webb

'알렉스 웹Alex Webb'은 다층적 구도와 발랄한 색채를 구사하는 사진작가다. "내가 아는 유일한 현장 접근 방식은 걷는 것밖에 없다. 거리의 사진가라면 모름지기 늘
걸어라. 그리고 보라. 그리고 기다렸다가 말을 건네고, 또 보고, 또 기다려라."라는 그의 말처럼, 그가 거리에서 기다리고 만난 장면은 늘 그 뒷이야기가 궁금하다.

'히피는 집시였다'는 프로듀서 Jflow와 보컬 Sep으로 구성된 2인조 R&B 그룹이다. 2017년 발매한 앨범 [나무]로 이듬해 제15회 한국대중음악상 '최우수 알앤비&소울 음반상'과 제2회 한국힙합어워즈 '올해의 알앤비 앨범상'을 동시에 받았다. '오르내림OLNL'은 2017년 첫 EP [APOLLO]를 발표한 신예 래퍼. 히피는 집시였다의 'With Me'에 오르내림이 참여하며 맺은 인연이 이번 전시 OST 프로젝트로 이어졌다. 이들은 알렉스 웹의 'Erie, Pennsylvania'와 '장마'에 영감받은 음악 '여름비'를 선보였다.

사진의 첫 느낌이 궁금해요.
Jflow 아이들이 나오잖아요. 천진난만하다고 해야 하나, 그런 게 많이 느껴졌어요. 그래서 어디로 튈지 모르는 그런 음악적인 장치를 심으려고 노력한 것 같아요.

'여름비'에 그런 천진난만함을 담으려고 한 거죠? 저는 사실 조금 무거운 느낌이 들었어요. 비에 비유하면 보슬비나 이슬비는 아니고, 무겁게 내리는 비.
Jflow 무거웠나요? 제가 비트를 만들고 Sep이 노래를 쓰는데, 저는 최대한 가볍게 만든 거예요(웃음).

함께한 두 번째 작업이에요. 이번에는 어떤 계기로 함께하게 된 건가요?
오르내림 예전에 함께했을 때, 노래를 아주 빨리 만들었는데요. 뭔가 합이 좋았어요. 그래서 감성이 비슷하구나 생각했죠. 이번 프로젝트가 감성과 관련된 노래잖아요. 같이 하면 재미있겠다 싶어서 함께하게 됐어요.
Sep 합이 잘 맞는 편이었어요. 그래서 작업하는 데 어려움이 없었어요.

두 팀 다 어떤 상황에서의 감정을 가사로 잘 녹여내는 것 같아요. 그러기 위해 노력하거나 신경 쓰는 게 있는지 궁금해요.
Sep 저는 어떤 심상이나 이미지를 글로 표현하려고 많이 노력하는 편이에요. 그래서 음악을 듣고 그리기에는 조금 힘들 수도 있다고 생각하는데요. 그래도 어느 정도 공감되는 부분은 있다고 믿으며 작업하고 있습니다.
오르내림 평소에 생각이 좀 많아서 글로 써 놨다가 나중에 작업에 쓸 때가 많았어요. 그랬는데 계속 하고 훈련이 되니까, 지금은 녹음 버튼 누르고 그냥 해요. 프리스타일로. 일부러 어떤 분위기에 몰입해서 하려고 하면 오히려 열심히 못 하게 되는 게 있어서, 상황이나 기분이 어떻든 일단 그냥 딱 해버려요.

'여름비' 가사는 어떻게 나왔어요?
오르내림 '장마'라는 주제보다는 주호 형(Jflow)이 완성한 비트를 듣고 '이렇게 해야겠다'는 생각이 딱 들었어요. 같이 EBS 〈스페이스 공감〉 공연을 할 때였는데, 차에서 기다리면서 그냥 썼거든요. 어찌됐건 음악을 만드는 거니까 청각적인 자극이 제일 세요. 그때 냅다 써버리는 게 제일 좋아요.

음악을 들려줄 때 이런 느낌으로 가사를 썼으면 좋겠다고 말하진 않나 봐요.
Jflow 그렇죠. 그리고 각자의 느낌을 제가 어느 정도 파악하고 곡을 만들었으니까요. 이 친구들한테 어울리는 걸 만들려고 최대한 노력했어요. 작품 사진을 보면서요.

히피는 집시였다 노래 중에 '비'가 있잖아요. 그 '비'와 이번 '여름비'는 어떻게 다른가요?
Sep '여름비' 속 비는 잠깐 왔다 가는 비예요. 정말 여름에 내리는 비요. 히피는 집시였다의 비는 엄청 쏟아지는 비고요. 그렇다고 우중충한 비는 아니에요. 혹시 비가 많이 내리는 날, 비 맞아본 적 있어요?

어릴 때는 있었지만 최근엔 없는 것 같아요.
Sep 저도 어릴 때 생각하면서 썼어요. 그런 날 비를 맞고 신나던 기억이 있거든요. 그리고 히피는 집시였다 앨범에 들어 있는 '비'는 조금 리듬감이 있는 곡이에요. 비가 떨어지는 모양처럼 느껴지게요. 즐겁게 비 맞는 기분을 느낄 수 있으면 좋겠다는 생각으로 만든 곡이죠.

날씨나 계절과 관련된 음악이 많은 것 같아요. '추秋'라는 제목의 노래도 있고요.
Sep 날씨나 계절에 영향을 많이 받는 편이에요. 시간이 지남에 따라 자연

의 변화를 많이 느낄 수 있는 곳에 살고 있기도 하고요. 저희(히피는 집시였다)가 서울 도심은 아니고 조금 외곽에 살고 있거든요.

오르내림은 어때요?
오르내림 영향을 받는데, 조금 이상하게 받아요. 겨울에는 차분하니까 오히려 신나는 노래가 조금 신선하게 나오는 것 같아요. 우울한 노래는 따뜻하고 날 좋을 때 잘 나오는 것 같고요. 사실 어떤 분위기나 감정, 이런 것보다 그냥 평소 하는 생각에서 많이 써요. 꾸준하게(웃음).

서로의 음악에 대해 잘 알 것 같은데요. 이런 날씨에 들으면 좋다 하는 곡을 서로 바꿔서 추천해줄 수 있어요?
Sep 해가 쨍쨍한 날 저녁에 오르내림의 '유학생'을 들으면 좋을 것 같아요. 왠지 쓸쓸한 느낌이 들어서 석양이나 해가 지는 모습에 잘 어울리는 것 같아요.
오르내림 저는 해가 질 때 '지네'. 진짜 어울려서 말한 건데, 라임도 맞아서 더 좋네요. 해가 질 때 '지네'를 들어보세요.

'여름비' 가사를 보면 지금을 잘 즐기자고 하던데, 모두 이번 여름은 잘 보냈어요?
오르내림 작년과 올여름은 조금 재미있게 보냈어요. 평소와 다르게. 서핑도 하고, 물에 못 떠서 수영장에 안 가는데 수영장도 가고요.
Sep 너무 더웠다고 하는데 그 더위를 많이 느끼지 못한 것 같아요. 다음 앨범 준비 중이라 계속 집에 있었거든요. 방의 모니터가 계속 생각나네요.

다음 앨범은 언제쯤 나올 예정이에요?
Jflow 10월 말이나 11월 초에 나올 것 같아요.
Sep 곡 작업은 거의 끝났고, 이제 후반 작업만 하면 돼요.

함께 공연도 자주 하나요?
Sep 공연은 많이 해요. [나무]의 타이틀 곡 'With Me'를 같이 해서.
Jflow 저희 공연할 때 거의 봐요. 타이틀 곡이라서 꼭 불러야 하거든요.
Sep 맨날 한 곡만 하고 가서 저희가 되게 미안해하죠.
오르내림 이번을 계기로 두 곡을 부르게 돼서 좋아요.

앞으로 계속 같이 작업할 수도 있겠네요.
Jflow 제원이(오르내림)가 떠오르는 노래가 있으면 쉽게 보내줄 수 있겠죠.

히피는 집시였다의 올해 목표는 새 앨범 발매일까요? 마지막 질문으로 앞으로의 계획이나 목표에 대해 듣고 싶어요.
오르내림 뭐가 있을까, 그냥 요즘 여러 가지 해보고 싶은 게 많아졌어요. 지금 하고 있는 게 끝나면 비트도 만들어보고 싶고, 코스믹보이 형이랑 팀으로 앨범도 내고 싶고, 제 개인 앨범도 내고 싶고, 하고 싶은 게 많아서 일단은 빨리 다양하게 뭐든 하고 싶어요.
Jflow 저희는 앨범 잘 마무리하는 게 올해 최고의 목표예요.
Sep 그리고 계속 좋은 음악을 할 수 있으면 좋겠어요. 오래도록 음악 하는 것, 그게 제일 좋을 것 같네요.

'여름비'를 듣고 비트가 비의 분위기와 정말 잘 어울
렸어요. 음악을 듣고 있으면 장마철에 들리는 빗소리
와 촉촉한 느낌이 상상됐고요. 그리고 비트 위에 오
르내림의 랩이 얹혀지니 신선했어요.

영상에 담고 싶던 것은 영상의 속도감이 음악의 호흡
과 리듬에 잘 맞는 것이 중요했어요. 슬로 모션을 활
용해서 비의 움직임과 감촉을 극대화했죠. 떨어지는
비를 손, 피부로 맞는 장면이 이 곡을 잘 표현한다고
생각해요. 그리고 비 오는 날에 보이는 공간과 사물
들을 최대한 담담하게 보여주려 했고요. 그때의 공기
를 영상에 잘 녹여내는 것이 관건이었죠.

초록으로 물든 채,
자연의 속도로

밀크우드 가족

인간은 집 밖을 떠나 더 먼 곳으로 갈수록 오랜 시간 땅에서 익힌 기술들을 잊어 버렸다. 땅을 다듬고 씨를 뿌리고 풀을 솎고 끊임없이 돌보며 날씨를 걱정하는 일들과 거리를 두게 된 것이다. 문명화와 기술 발전으로 가장 먼저 식량난을 해결했지만, 그럴수록 사람들은 자연의 시간과 다른 시간을 보내야 했다. 그렇게 사람들은 다른 손을 빌려 식탁을 채우는 일에 익숙해진 채 살아가게 되었다. 그리고 여기 땅과 교감하는 가족이 있다. 그들은 매 계절을 생생하게 기억하기 위해 맨손으로 자연을 느꼈다. 자연의 속도로 하루를 부지런히 보내다 어느덧 가족의 미소가 초록으로 물들었다.

에디터 **이자연** 사진 **밀크우드**

조금 더
푸르름 곁에

인간에게 땅이 필요하다. 걸을 수 있는 평평한 지반을 말하는 게 아니라, 흙과 벌레, 나무뿌리와 강줄기가 맞닿은, 생명력 넘치는 땅이 필요하다. 자연과 가까운 삶은 결국 땅과 밀접한 삶이기도 한 것이다. '영구적인Permenant'이라는 단어와 '농업Culture'을 결합해 만들어진 '퍼머컬처Permaculture'는 현대인에게 맞춰 자연의 필요를 담은 농업 방식을 말한다. 호주의 빌 모리슨Bill Mollison과 데이비드 홀름그렌David Holmgren 교수가 주창한 개념으로, 인간에게 지속 가능한 자연환경을 제공하는 농업 디자인 방식이다. 아파트 베란다에서부터 드넓은 농장까지, 사람들이 가득한 대도시에서부터 푸른 야생의 초원까지 광범위하게 응용할 수 있는 개념인데, 우리말로 '영속농업'이라고 부른다. 한 잔의 차를 마시기 위한 과정을 예를 들어보면 이렇다. 기존의 방식을 취할 때, 찻잎을 기르는 과정에서 다양한 화학 물질이 발생하고, 차를 판매하기 위해서 티백 포장, 소포장, 박스포장, 비닐 포장이 이루어진다. 포장을 위해 핵폐기물 발생, 농약 사용, 온실가스와 공해 발생, 산림파괴 그리고 자동차 오염물질 배출이 불가피하다. 포장을 마치면 먼 거리까지 운송을 해야하는데, 이때 기름 사용과 화학물질 발생이 이뤄진다. 반면 퍼머컬처 시스템은 모든 것을 자연적 순환에 맡긴다. 찻잎을 키우는 것은 빗물과 바람결, 햇볕과 흙이다. 천천히 자란 찻잎은 그대로 사람의 손으로 향한다. 가까운 자급자족부터, 넓게는 자연 친화적 농법까지 자연 그대로가 자라나는 것이다.

호주에서 농장을 경영하는 커스틴과 닉 부부는 인간과 자연이 한 데 어울려 더 오래 푸르름을 느낄 수 있는 퍼머컬처 방식으로 농사를 짓고 있다. 이들은 더 오랜 시간 땅이 숨 쉴 수 있는, 모두가 공평하게 행복할 수 있는 삶을 찾아왔다. 시간이 더 걸리고, 평소보다 더 불편해도 충분하다. 그것이 자연의 발걸음이라면.

"우리는 계절 그대로 살고 있어요.
겨우내 조용한 시간을 보내고, 여름에는 무척 바쁘게 움직여요.
부지런한 하루들이 차곡차곡 쌓이죠."

가족을 소개해주세요.
저희는 세 명의 작은 가족이에요. 저 커스틴, 제 남편 닉Nick, 그리고 아홉 살 된 아들 아셔Ashar가 있죠. 호주 빅토리아 지역의 '데일스포드Daylesford'에서 농사를 짓고 있어요. '멜리오도라Melliodora'라고 불리는 농장이죠. 이곳은 수더넷Su Dennett과 데이비드 홈그렌David Holmgren이 디자인하고 설립한 농장이에요. 영속농업의 공동 창작자이지요.

처음에 농사는 어떻게 시작하게 됐나요?
처음 농사를 고려하게 된 건 닉의 가족으로부터 뉴사우스웨일스의 머지Mudgee로 와서 함께 양을 키우고 올리브 농장을 운영하자는 제안을 받았을 때였어요. 10년 전이죠. 사실 작은 집을 짓고 직접 채소를 키워서 음식을 만들어 먹는 삶을 살고 싶었어요. 그러던 중 영속농업에 대해 알게 됐고 완전히 푹 빠져버린 거죠. 홀딱 반했어요. 영속농업의 목적과 이야기를 듣고, 농업과 교육에 집중하기로 마음먹었어요. 본래의 목표나 계획과는 정반대로 흘러갔죠(웃음).

직접 밭을 일구는 삶이 많은 변화를 가져왔을 것 같아요.
농사는 우리를 지역 커뮤니티와 음식으로 연결해주는 특별한 장치예요. 저희는 계절 그대로 살고 있어요. 겨우내 조용한 시간을 보내고, 여름에는 무척 바쁘게 움직여요. 부지런한 하루들이 차곡차곡 쌓이죠. 그리고 농장 일이 바쁘지 않을 땐 주변에 남아 있는 일들을 처리하기도 해요. 아주 가끔이지만요. 무엇보다도 농사일은 우리가 살고 있는 곳과 우리를 강하게 이어줘요. 우리는 모두 자연에 속해 있다는 소속감을 느끼며 무척 감사하게 생각하고 있어요.

도시에 사는 사람들에게 자연이 필요하다는 말을 많이 하죠.
도시에 살든 그렇지 않든 모든 사람에겐 자연이 필요해요. 어디에 살고, 어

떤 일을 하고, 무슨 생각을 하든 상관없이 말이죠. 무엇보다 모든 인간은 생태계라는 시스템 안에서 자연의 혜택을 많이 받고 있잖아요. 살아 있다는 게 어떤 의미인지 돌이켜보게 만들어주는 지점이기도 하죠.

사진에서 염소와 닭들도 많이 봤어요. 무언가를 계속해서 챙겨주는 건 무척 어려운 일처럼 보이는데요.
농사가 그렇죠. 땅을 들여다본다는 것은 하루 일과가 정신 없이 무척 바쁘게 흘러간다는 것을 의미해요. 동물을 보살피는 일도 그중 하나죠. 염소는 우리에게 매일 신선한 우유를 주고, 닭은 달걀을 줘요. 동물들이 주는 것들로 우리는 에너지를 얻고, 또 그 에너지를 통해 생긴 건강한 힘으로 동물들을 잘 돌볼 수 있는 거예요. 엄청난 것을 주고받는 관계랄까요.

이런 생활방식이 아이들에게도 긍정적인 힘을 주겠죠?
그럼요. 아셔도 자기가 먹는 음식이 어디서 오는지 잘 알고 있어요. 음식 재료를 구하려면 어떤 일을 해야 하는지도 이해하고 있고요. 아셔는 채소들이 각자의 방식으로 자라는 모습을 존중해요. 만약 직접 농사를 짓지 않았다면 알 수 없는 사실들이죠. 그리고 제가 관찰한 건데, 아셔는 새로운 것을 도전하는 데 두려움이 없어요. 어떤 일이 새롭게 벌어지고 끝맺음이 있다는 게 자연스러운 순리라는 걸 자연을 통해서 배운 듯해요. 평소에는 친구들을 불러 트리하우스에서 놀고, 염소를 토닥이고, 과수원 이곳저곳을 마구 뛰어다녀요. 주어진 공간을 잘 쓰는 아셔의 모습을 보면 기분이 좋아요.

이웃과 가까운 모습도 무척 행복해 보여요. 사실 대도시에서는 옆집에 누가 사는지 아는 것도 어렵거든요. 사람들 사이에 두꺼운 벽이 있는 거죠. 농사를 통해 이웃 간의 공동체 의식이 더욱 단단해질 것 같아요.
시골이 아니더라도 공동체는 어디서나 구성될 수 있어요. 그러고 싶고, 그

럴 의향이 있다면요. 오히려 대도시에서 공동의 목적을 가진 다양한 모임을 더욱 다채로운 방식으로 만들기 쉬울 것 같아요. 딱 한 가지 요소만 있으면 돼요. 타인에게 '관대하고 친근한 태도를 갖추는 것이요. 당신이 그들과 이야기를 나누고 무언가를 공유하는 게 행복하다는 걸 알려주는 거니까요.

양봉을 하는 걸 보고 깜짝 놀랐어요. 실제로 벌이 없어지면 엄청난 생태계 위기에 직면할 거라는 말이 많잖아요.

양봉을 한 지는 8년째예요. 우리는 벌과 함께하는 생활을 무척 사랑해요. 전세계적으로 자연적인 방식으로 벌을 돌보는 양봉가가 더 많이 필요하다고 해요. 화학약품을 이용하지 않는 거죠. 우리는 우리가 할 수 있는 한 벌들을 지원해주고 있어요. 벌이 좋아하는 식물을 심고, 필요하지 않은 해충제를 굳이 사용하지 않아요. 마지막으로 유기농 농부들을 적극적으로 돕고 지원하고 있어요. 우리의 이런 노력이 꿀벌들이 더욱 잘 일할 수 있게 한다고 믿어요.

얼마전 《MILKWOOD》라는 책을 발간했어요. 책을 통해서 사람들과 무엇을 나누고 싶었는지 궁금해지더라고요.

홈메이드와 핸드메이드 라이프를 위한 다섯 가지 일을 소개하고 공유하고 싶었어요. 사람들이 우리의 기술을 통해서 개인의 역사에 없던 새로운 일을 시작하는 모습을 보는 게 무척 즐거웠거든요. 그 즐거움을 책으로 전달하면 더 많은 사람들에게 닿을 수 있을 것 같아서 책을 내기로 결정했죠. 길고 힘든 과정을 거쳐 책이 나왔는데, 우리 가족이 무척 자랑스러워요. 그

리고 《MILKWOOD》를 통해서 사람들이 집 안에서 가족들을 더욱 행복하고 건강하게 만드는 삶의 방식과 가까워졌으면 좋겠어요.

마지막으로 앞으로의 꿈이 궁금해요.

궁극적인 꿈은 지금처럼만 살아가는 거예요. 지금 우리가 하는 일들로 하루를 채워나가고 싶어요. 하지만 더 많이 잘 수 있고, 더 많은 케이크를 먹을 수 있으면 좋겠네요(웃음).

MILKWOOD
커스틴 브래들리, 닉 리타 | 밀크우드

집에서 만들고, 키우고, 가꾸는 삶의 모습을 소개하고 이끌어 내는 그들의 다양한 기술들이 담겨있다. 자연과 가까운 거리를 두고 느린 시간을 보내는 하루가 무해한 웃음을 만들어 낸다. 밀크우드 홈페이지와 아마존에서 구매할 수 있다.
H. milkwood.net

달빛이 비치는 책의 숲에서
작은 씨앗을 심는 사람

우리가 사랑하는 숲, 달빛서림

제주 동쪽 중산간 마을 송당리에 위치한 작은 서점 달빛서림에는 에어컨이 없다(오래된 벽걸이 에어컨이 있지만 작동되지 않는다고 했다). 대신 문이 활짝 열려 있고 선풍기 두 대가 돌아가고 있다. 아직 더위가 떠나지 않은 여름의 끝자락, 달빛서림의 주인 키미와 대화를 나누며 나는 종종 땀을 닦아야 했지만, '덥다'는 생각보다 '시원하다'는 생각을 더 많이 했다. 부드러운 바람이 뺨에 닿을 때마다 시원했고, 그때마다 바람에게 고마웠다.

글 **정다운** 사진 **박두산**

"미워하는 사람이 아니고 씨앗을 뿌리는 사람이 되기를 바라요.
작은 실천을 하는 사람이요."

'달빛서림'이라는 이름을 짓게 된 과정이 궁금해요.

제가 달을 좋아하는 게 가장 큰 이유고요. 그다음은, 제가 좋아하는 신화학자 엘리아드가 말한 "달빛을 받으면 신화가 된다"는 작은 글귀에서 영감을 얻었어요. '달빛이 비치는 책의 숲'이란 뜻이에요. 서점보다는 서림이 좋았어요. 진짜 수풀 '림' 자를 썼어요.

다른 서점이랑 책 종류가 많이 달라요. 이곳에서는 그냥 책 한 권을 사는 게 아니라, 어떤 정신을 함께 사는 것 같다는 생각을 했어요.

신화를 공부했는데요, 현 시대를 배제하면 신화라는 게 '옛날이야기'밖에 되지 않았어요. 그런 고민을 하던 중에 서점을 준비하면서 주제를 '시대정신'으로 잡게 되었어요. 그런 이유 때문에 처음 '달빛서림'을 강정마을에 연 것도 있어요. 강정에 살면서 시대정신과 제주도적인 것을 함께 고민하다 보니까 결국 환경 문제를 놓고 갈 수가 없었어요. 송당으로 옮기면서부터는 환경과 평화를 주제로 삼았어요.

지구를 위하고 환경을 이야기하는 일이 누군가에게 화를 내는 일이 되기도 하고, 가르치고 다그치는 일이 되기도 하잖아요. 저는 화내지 않고 웃으며 다정하게 환경을 이야기할 수도 있구나 하는 걸 '달빛서림'에서 처음 알게 되었어요. 이곳에 오면 자연스럽게 환경 문제를 인식하게 되고, 지구를 위해 내가 할 수 있는 일이 무엇일까 생각해보게 돼요.

저는 《나무늘보가 사는 숲에서》라는 동화책을 닮고 싶어요. (책장에서 책을 꺼내왔다.) 환경이나 평화 문제를 어린이들에게 알려주려 하다 보면 미움을 먼저 이야기할 수밖에 없더라고요. 대기업이나 권력 같은 걸 미워하는 마음으로 과연 환경에 대한 생각을 잘 전할 수 있을까 고민하게 되었어요. 어쨌든 사랑으로 시작된 마음일 테니까요. 가르치거나 몰아붙일 필요는 없어요. 이미 사람들은 다 공감하고 있거든요. 미워하는 사람이 아니고 씨앗을 뿌리는 사람이 되기를 바라요. 작은 실천을 하는 사람이요. 삼나무가 베어진 비자림로에 가서도 "반대한다.", "도지사는 각성하라." 그런 말 없이 그냥 "우리가 사랑하는 숲이에요."라고 이야기해요. 실천하는 사람은 자기 사랑에 힘이 있다는 걸 믿으니까요. 《나무늘보가 사는 숲에서》가 들려주는 이야기

가 그거예요. 그 마음을 닮아가려고 노력해요.

삼나무가 베어진 비자림로에 제일 먼저 가셨어요. 그런 마음은 어디서 오는 걸까요. (그는 비자림로 삼나무가 베어졌다는 소식을 듣고 가장 먼저 그 길에 달려가 나무 옆에 오랫동안 앉아 있다가 왔다.)

동네에 사니까요. 비자림로 도로 확장 공사 예정 지역을 걸어봤어요. 걸으면서 이 공사가 단지 도로 몇 미터 넓히는 공사가 아니라는 걸 알게 되었어요. 예정지 안에 아주 낮은 오름인 '선족이 오름'이 있어서 가보려고 공부를 했거든요. 《오름 나그네》라는 책을 찾아보니까 그곳을 풀밭이 아름다운 언덕이라고 표현해놓았더라고요. 그래서 '이렇게 아름다우니까 지키자.'고 해야겠다는 생각이 들어 오름에 가보니까 온통 가시밭길이 되어 있었어요. 바로 옆 송당 목장에서 방목을 멈춰버려서 그런 거예요. 방목을 멈춘 진짜 이유는 알지 못하지만, 큰 목장이 방목을 멈추게 되는 상황이 다가오게 된 거죠. 오름이 지금처럼 유지되는 이유는 말과 소들이 풀을 뜯어 먹기 때문이거든요. 3킬로미터에 이르는 삼나무 숲을 헤쳐내면 목장 지대가 드러나는데, 그 지대가 언제까지 존속될 수 있을까, 오름 왕국인 동쪽의 많은 오름은 어떻게 될까 하는 걱정이 들었어요. 비자림로는 금백조로 공사의 관문이에요. 금백조로는 제주도에 몇 없는 큰 건물 없는 아름다운 도로지요. 이미 예산이 책정되어 있다고 해요. 이런 이야기들을 제주 제2공항을 반대하는 사람들의 성급한 예측이라고 몰고 가는 게 참 속상해요. 이번 비자림로 사건이 크게 보도되었잖아요. 그게 보여주는 건 제주도에 사는 사람들과 제주도를 찾아오는 사람들이 난개발에 엄청 화가 나 있는 상태라는 거예요. 그래서 여론이 생겨났다고 생각해요. 비자림로 일 이후 가장 많이 들은 이야기가 "이제 정말 제주도에 못 오겠다."라는 말이었어요. 자기가 사는 곳과 똑같은 풍경을 누가 보러 오겠어요. 제주도가 깨진 향수병이 되어가는 거 같아요.

환경에 대한 관심은 언제부터 가지게 된 거예요?

제가 산을 좋아하거든요. 어느 날 산에서 자고 내려오는데요, 어느 순간에 '나 이렇게 사랑만 받아도 되는 걸까.' 하는 생각이 들었어요. 그때부터 쓰

레기 하나라도 배낭에 챙겨 내려오던 것이 시작 같아요. 그리고 제가 신화를 사랑하는데, 신화학자가 이런 말을 했어요. "모든 성스러운 것들은 제자리에서 가장 아름답다." 자연을 그대로 두자는 말과 같은 맥락이죠. 그렇게 자연스레 흘러온 거 같아요.

'여행자의 물병을 채워드릴게요.'라는 안내 글이 인상적이에요. 에어컨이 없는 곳도 요즘은 보기 드물어요. 덥지 않으세요?
더워요. 밖이 차라리 시원해서 나가 있다가 오곤 해요. 저는 하루 종일 있어서 더 덥지만, 잠깐 오셔서 책 보는 정도는 참을 수 있지 않을까. 괜찮지 않을까. 이 실천을 공감해주겠지. 그렇게 배짱을 부리는 거죠.

서점에 있는 책은 거의 다 읽어봤어요?
네, 거의 다 읽어봤어요. 새로 주문하는 책도 제가 읽고 싶은 책으로 고르니까요. 새로 들어오는 책 중에 아직 30퍼센트 정도는 못 읽었지만 거의 다 읽어요. 그런데 그게 어느 순간 무너지는 시기가 있었어요. 계속 들여놓고 바로 팔리면서 책에 대한 질문에 대답을 못한 적이 있었거든요. 그래서 최근 한 달쯤 책을 안 시키고 있다가, 이제 주문했어요. 약속을 지키고 싶어요.

사람들이 책을 추천해달라고 하면 '지금 떠오르는 세 가지 단어'를 묻는다고 했죠.
그렇게 말하면 마음을 숨기시는 분도 있고, 있는 그대로 아픈 단어까지 말씀하시는 분도 있어요. 그 단어를 듣고 떠오르는 책을 권해드리곤 해요. 그 과정이 치유와 공감의 아주 짧은 단계라고 생각했어요. 책을 추천해달라고 하시는 분들은 자신도 모르게 마음속에 필요로 하는 게 있는 거라고 생각해요. 저에 대한 호기심과 존중을 표현해주는 거 같기도 하고요. 엄청 정성스럽게 골라 드려요. 마법 수프 만드는 것 같잖아요. 정성을 다하게 된 건 제 호기심 때문이기도 해요. 저는 책을 좋아해서 책방 분에게 책을 추천해달라고 한 적이 한 번도 없거든요. 그런데 대체 어떤 마음이면 책을 추천해달라고 할까 고민하게 되더라고요. 사람들이 좋아해요. 울고 간 사람도 있고. 그래서 저에게 소중한 시간이에요. 마음을 나누면 배우는 게 있어요. 편지를 써주신 분도 있고, 다시 와서 그때 책 다 읽었다고 또 한 권 추천해달라고 하기도 하고요. 여행자가 떠났다가 다시 돌아오는 오랜 시간 동안 자리를 지키는 사람이 받을 수 있는 선물 같아요.

할 수 있는 한 오래 서점을 하시면 좋겠어요.
네, 할 수 있는 한.

기억에 남는 손님이 있을까요?
너무 여럿이라 다 말씀드리기 힘들지만, 지금 생각나는 분들이 있어요. 비자림로에 갔다가 못 돌아온 날이 있었어요. 그날이 제가 나간 첫날이었는데, 그 나무들을 두고 오면 "제가 환경과 평화를 말하는 책을 팝니다."라는 말을 못 하겠더라고요. 손님들이 보성에서 여행을 오셨는데, 제가 서점에 없으니까 비자림로에 와서 노래하고 놀다 갔어요. 그런 손님들이 오는 서점이에요. 잊을 수가 없어요. 멋진 손님들이에요.

궁극적으로 하고 싶은 게 있다면요? 장래희망 같은 거.
저는 늘 "고래가 될 거예요!"라고 말하죠. 하하. 예쁜 할머니가 되고 싶어요. 오래 서점을 하고 싶다고 했지만 사실 경제적인 이유로 서점은 오래 유

지하기 힘들어요. 판화나 다른 여러 가지 것들을 연습하는 이유도 부가적인 수입을 얻기 위한 거예요. 사랑을 할 때 사랑 때문에 헤어지는 게 아니라 사랑이 일으키는 것들 때문에 사랑이 끝나는데, 서점은 좋은데 경영이 힘들어서 그만두면 안 되잖아요. 그래서 그거에 대한 연구를 하고 있어요. 아, 그리고 나중에 바이칼이나 알래스카에 가서 큰 나무 아래 조그만 서점을 열면 어떨까 하는 꿈도 있어요.

왜 바이칼이나 알래스카예요?
'극북'에 대한 저도 모르는 그리움이 있어요. 바이칼 호수라고 하는 근원적이고 신화적인 곳에 닿고 싶은 이유도 있고요. 알래스카인 이유는, 제가 좋아하는 여행사진가 호시노 미치오라는 사람이 알래스카에서 사진 찍고 살다가 곰한테 물려 죽었어요. 죽으면서도 곰이 텐트를 찢는 사진을 찍은 사람이에요. 그런데 어느 책에서 친구인가 가족이 하는 말이 "아 그 사람은 그렇게 죽어도 이상할 것 하나 없이 죽었어."라고 하더라고요. 그런 삶에 대해 생각해봤어요. 그분이 책에 엄청 약 오르는 말을 써놨어요 "너네 젊은이들 따위는 이 풍경을 이해할 수 없다. 나이 오십은 되어야 이해할 수 있을 거다." 약이 바싹 오르는 거예요. 난 제주도, 지리산, 어디든 깊이 사랑할 줄 아는데 나도 모르겠어? 그러면서 점점 가보고 싶은 대상이 되었어요.

지구에 대한 책 세 권만 추천해주세요.
제일 먼저 《마지막 거인》을 추천하고 싶어요. 어떤 학자가 마지막 거인을 찾아 떠나고 발견을 해요. 그 사실을 세상에 알리자 마지막 거인은 멸망해버리죠. 거인은 그 학자에게 사랑을 줬어요. 그 책의 제일 앞머리에, 거인족이 한 말인지 학자가 자기 자신에게 한 말인지 모르겠지만 이런 말이 나와요. "침묵을 지킬 수는 없었니?" 제가 이 책을 추천 드리는 이유는, 제주도의 비경을 SNS에 올려서 망가지는 모습을 여러 번 봤잖아요. 어째서 이렇게 되는 걸까 생각해봤어요. 그건 제주도를 사랑하지만 사람이 살고 있는 마을을 존중하지 않아서인 것 같았어요. 불턱이나 신단 같은 곳에 마음대로 드나들고 남의 집에 불쑥 들어가기도 하고요. 지금 사람들이 여행하는 곳이 대체 어딘가 하는 생각을 해보게 돼요. 그리고 앞서 말한 《나무늘보가 사는 숲에서》도 추천하고 싶어요. 미움이 아니라 씨앗을 심는 사람이 되자. 미워하면 더 큰 미움으로 돌려받으니까요. 마지막으로 《사막에 숲이 있다》라는 책을 권해드리고 싶어요. 황사의 근원지인 사막에 숲을 만든 여인의 이야기예요. 그는 환경운동가가 아니었어요. 황량한 사막에서 살아가게 되면서 살기 위해 나무를 심기 시작하고, 그 안에서 길을 찾은 이야기입니다. 그 사막이 불과 한 세대 전에 초원이었다는 엄중한 현실을 깨닫고 경각심을 가졌으면 좋겠어요. 그리고 다시 그곳에 숲을 만들 수 있다는 희망을 전하고 싶어요. 제주를 찾는 분들께 꼭 하고 싶은 말이 있어요. 아름답지 않으면 사랑하지 않을 건가요? 제주도가 망가지면 버릴 건가요? 지금 있는 그대로의 제주를 사랑한다고 말해주세요. 제주가 보존되길 바란다고 말해주세요. 부탁드립니다.

달빛서림
A. 제주도 제주시 구좌읍 중산간동로 2262
H. instagram.com/moonlightbook_forest
O. 목~월 12:00~19:00, 화~수 휴무

도시락에 관한 몇 가지 비밀

도시락 전파 프로젝트

지금 시간은 정오, 열두 시. 오전 내내 궁리한 자네의 점심 메뉴
는 결국 무엇인가? 매콤한 제육볶음. 시원한 김치찌개나 콩나물
해장국. 아니면 깔끔하게 1인 가정식? 어허. 몸에도 좋고 지갑에
도 좋은 메뉴 하나를 소개하지. 거, 도시락 가방 한번 열어보게.

에디터·포토그래퍼 이자연 일러스트 최인애

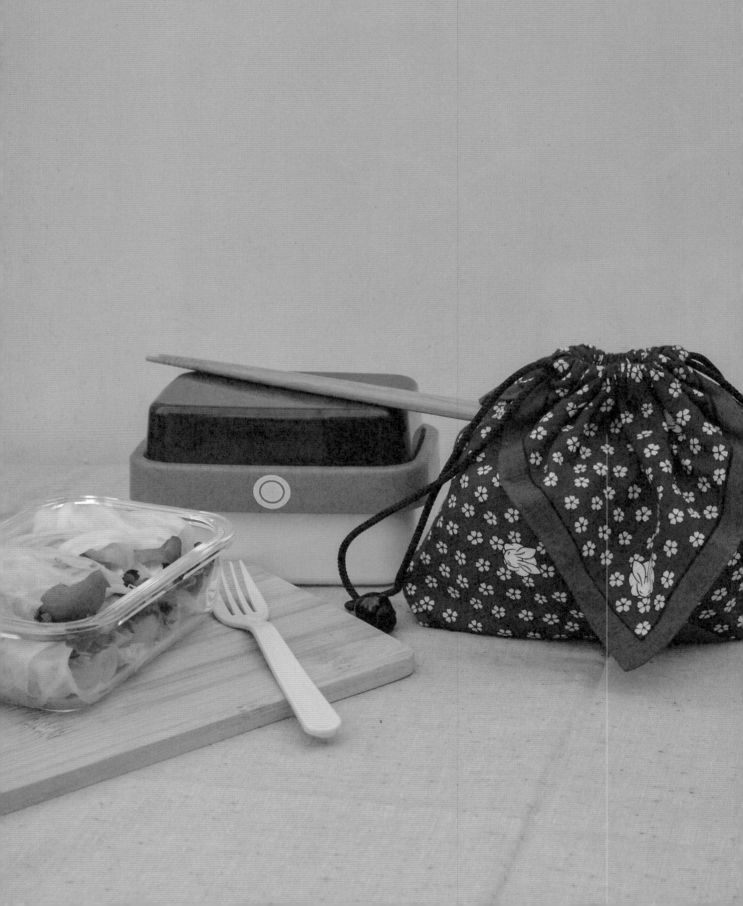

도시락에 담긴
기억

나는 급식 세대다. 일명 '급식이'. 열 살 즈음부터 급식을 받기 시작했다(급식이 있기 전까지는 오전반, 오후반으로 나뉘어 수업을 받았다). 점심시간이 되면 반마다 급식차가 교실 앞으로 왔고, 아이들은 줄을 서서 식판에 음식을 받았다. 당시에는 학부모들이 조를 짜서 돌아가며 점심 배식을 도와주셨는데, 친한 친구의 어머니께서 오시면 남 몰래 윙크도 하고 대답도 크게 했다. 그럼 용가리 치킨 같은 걸 한두 개 더 받을 줄 알았지만 그건 역시나 나만의 착각이자 경기도 오산. 그렇다고 도시락에 대한 기억이 없는 건 아니다. 소풍 때면 아이들은 김밥이나 유부초밥, 주먹밥이나 볶음밥 등을 싸왔다. 그리고 그 옆으로 화려하게 깨 장식을 한 볶음김치나 열무김치가 자리하고 있었다. 메뉴가 비슷하다고 해서 맛이 똑같지는 않았다. 집집마다 속재료가 달랐기 때문에 모두 가지각색이었다. 어떤 김밥엔 오이 대신 우엉이, 또 다른 김밥엔 단무지 대신 총각무가 들어 있었다. 도시락의 재미는 여기서 시작된다. 비슷한 듯 전혀 다른 비법과 비결이 그대로 담겨 있기 때문이다.
그러고 보면 도시락엔 특유의 기억이 담겨 있다. 술집이나 식당에 있는 '옛날 도시락' 메뉴도 그렇다. 부모 세대가 수업 시간에 몰래 흔들어 먹었다던 그 도시락이 돌아와 추억을 소환하며 사랑을 받고 있다니. 기억으로 먹는 음식이 바로 여기 작은 통 안에 들어 있다.

우리 같이
도시락 먹어요

대학가와 사무실에서 도시락이 다시 급부상하게 된 건 웰빙과 식이조절, 체중 감량과 친환경 식단 등 건강에 대한 관심이 급증하면서부터다. 도시락의 장점을 꼽아보면 세 가지로 축약된다. 직접 만들기 때문에 몸에 좋지 않은 조미료 사용을 줄여 건강한 식단을 꾸릴 수 있고, 외식을 하지 않아 저렴하고, 무엇보다 과식하지 않는다는 점이다. 전적으로 자기맞춤형 식단이기 때문에 사람들은 도시락을 싸기 시작했다.
물론 늦은 밤 집에 돌아와 다음 날 점심을 챙겨놓는 건 너무 피곤한 일이다. 매일 배달해주는 샐러드를 주문하거나 전자레인지에 가볍게 돌려 먹는 레토르트 도시락을 사는 이들도 있다. 아니면 며칠 해보고 금세 포기하거나. 건강을 되찾고자 시작한 도시락, 그래도 이대로 끝낼 수는 없다. 건강한 도시락을 지속하기 위한 두 가지 방법이 있으니 공공의 이익을 위하여 공개해 보겠다. 첫째, 도시락파 사람들끼리 각자 한두 가지 반찬만 가져와서 나눠 먹는 것. 둘째, 아주 짧은 시간 동안 만들 수 있는 메뉴를 찾아보는 것. 조금 더 현실적인 후자의 방법을 위해 특별한 선생님도 모셔왔다. 이름하여 '양평동 옥상 선생의 자취생 도시락 원데이 클래스'다!

양평동 옥상 선생의
자취생 도시락 원데이 클래스

"안녕하세요. 옥상에서 파란 하늘을 보면서 요리 수업을 한다고 해서, 양평동 옥상 선생이라는 별명을 얻게 되었어요. 한창 잘나갈 땐 '영등포 불주먹'이라고도 불렸죠, 호호. 오늘은 자취하는 직장인과 대학생을 위한 간단 도시락 클래스를 진행해보려고 합니다. 메뉴 선정 기준은 소비자가격 1만원 이하, 조리 시간 30분 이내에 만들 수 있는 것들이랍니다. 자취생의 간단 요리이기 때문에 다른 클래스에 비해서 계량이 정확하지 않은 점, 이해해주세요. 무헐헐."

* Ts 테이블스푼, ts 티스푼

양배추 스프링롤

베트남 음식점의 스프링롤은 깔끔한 한입과 건강한 맛으로 사랑받고 있죠. 하지만 라이스페이퍼의 칼로리가 걱정되는 사람들을 위해 위에 좋은 양배추를 활용한 스프링롤을 소개합니다.

조리 시간 20분 **비용** 6천원 **재료** 양배추, 파프리카, 무순, 닭가슴살

만들기
1 양배추를 물에 넣고 7분 30초간 삶는다. 양배추 색깔이 충분히 투명해졌을 때 젓가락으로 찔러보면 확실히 알 수 있다.
2 양배추를 차가운 물에 씻어 놓는다.
3 파프리카를 일자로 길게 썰고, 훈제 닭가슴살도 길게 찢어 놓는다.
4 얇은 면의 양배추를 펼쳐 3번의 파프리카, 닭가슴살, 준비된 무순을 넣는다. 양념이 필요한 경우 쌈장이나 스위트 칠리소스를 넣는다.
5 양배추를 접어 둘둘 만다.
6 맛있게 한입에 쏙.

콩나물 밥

간편한 조리법과 저렴한 비용, 거기에 가벼운 도시락 무게까지, 세 마리 토끼를 잡은 콩나물밥을 소개합니다.
콩나물밥에 양념을 넣어 쓱쓱 비벼 먹으면 꿀맛! 같은 방식으로 무밥도 만들 수 있다는 것 참고하세요.

조리 시간 30분 **비용** 2천원 **재료** 콩나물, 진간장 2Ts, 다진 마늘 1ts, 설탕 1ts, 고춧가루 1ts, 청양고추 2개, 식초 1ts

만들기
1 불린 쌀 위에 반 봉지에서 한 봉지 정도 분량의 콩나물을 쌓는다.
콩나물에서 수분이 빠져나오기 때문에 물의 양을 평소보다 적게 한다.

2 진간장, 다진 마늘, 설탕, 고춧가루, 식초를 모두 넣어 섞고 손바닥에 물을 한 줌 받아 섞는다. 물기가 너무 많으면 고춧가루를 조금 더 넣어 점성을 맞춘다. 깨를 넣어도 괜찮다.
3 청양고추를 쫑쫑 썰어 넣는다.
4 맛있고도 우악스러운 한입.

고추참치 마파두부 덮밥

두반장과 고추기름 없이도 충분히 맛있는 마파두부를 만들 수 있다는 사실! 고추참치의 고소하고 매콤한 맛과 두부의 부드러움이 잘 어우러진 메뉴를 소개합니다.

조리 시간 17분 **비용** 4천5백원 **재료** 고추참치, 두부, 애호박, 청양고추, 고춧가루 1Ts

만들기
1 팬에 올리브유를 두르고 반달 모양으로 썬 애호박을 먼저 볶는다.
2 기름을 빼지 않은 고추참치를 통째 넣는다.

3 한 줌 정도의 물을 넣고 달달 졸인다.
4 깍둑썰기를 한 두부를 넣고 두부에 양념이 스며들도록 중간중간 부드럽게 저어준다.
5 고춧가루를 넣고, 청양고추도 어슷 썰어 넣는다.
6 고슬고슬한 밥을 마파두부로 덮는다.
7 숟갈로 숭덩숭덩 떠서 맛있게 먹는다.

낫토달걀말이

단백질과 단백질이 만나 최고의 슈퍼 울트라 단백질이 됩니다. 게다가 달걀과 낫토는 찰떡
궁합으로 유명하죠. 도시락계의 밥도둑, 달걀말이로 하루의 힘을 얻어보는 건 어떨까요?

조리 시간 8분 **비용** 2천원 **재료** 달걀 2알, 당근 ¼조각, 낫토 1팩

만들기

1 달걀을 충분히 풀어준다. 알이 작아 양이 적어 보이면 물을 좀 섞어 양을
불리는 꼼수도 있다.

2 당근을 쫑쫑 썰어 1번의 달걀물과 섞는다.

3 달걀말이는 프라이팬 열기와의 싸움. 프라이팬을 적당히 달궈준다.

4 올리브유를 뿌리고 2번의 달걀물을 넓게 펼친다.

5 젓가락으로 충분히 풀어준 낫토를 달걀 위에 일렬로 올린다.

6 섬세하게 달걀로 낫토를 감싸 둘둘 만다.

7 자르면 무너지기 쉬우므로 자르지 않고 숟갈로 숭덩숭덩 떠서 먹는다.

운동하는 배우들

또 다른 직업은 환경운동가

한 남자가 단상으로 걸어 나온다. "저는 배우입니다. 삶을 꾸며내는 직업이죠. 영화에서 저는 가상의 인물이 되어 가상의 문제를 해결합니다. 그런데 지금까지 우리는 기후변화 문제를 이와 비슷한 시선으로 본 것 같습니다." 남자의 이름은 레오나르도 디카프리오. 단상 앞엔 UN 기후변화 정상회담에 모인 세계 지도자들이 있었다. 환경 보호 운동에 열정적으로 앞장서는 배우들을 찾아 모았다. 때때로 가상의 인물이 되어 살아가지만, 그 누구보다 책임감을 갖고 현실에서 행동하는 이들.

에디터 김혜원 일러스트 윤원정

중고 옷만 입는다

에즈라 밀러

에즈라 밀러는 지루할 틈이 없어 보인다. 그는 친구들과 함께 3인조 밴드 'Sons of an Illustrious Father'를 결성해 거기에서 드럼을 치고 노래를 부른다. 영화는 꾸준히 한다. 최근에는 '코믹콘 서울 2018' 참여를 위해 한국을 방문하기도 했다. 환경운동은 그가 기꺼이 하는 활동 중 하나다. 그는 노스다코다주 원주민 보호구역 내에 송유관을 매립하겠다는 미국 정부의 계획에 반대하고 기후변화의 위험성을 알리기 위해 북극에서 스키를 타는 퍼포먼스를 하기도 했다. 가장 눈에 띄는 활동은 중고 옷만 입는 거다. 누구보다 화려하게 꾸밀 것 같은 할리우드 배우인데도 말이다. 에즈라 밀러는 노동자들의 노동 환경과 임금 수준, 환경에 끼치는 영향 등 불합리한 섬유 산업에 반대해 새 옷을 사지 않겠다고 선언했으며, 그 약속은 지금까지 지켜지고 있다.

내일을 위해 오늘 행동한다

멜라니 로랑

이 프랑스 배우가 낯설다면 잠깐 영화 한 편을 떠올리자. 쿠엔틴 타란티노 감독의 〈바스터즈: 거친 녀석들〉이 좋겠다. 히틀러에게 가족의 복수를 하는 유태인 소녀를 기억하나? 통쾌하게 웃는 얼굴이 매력적이었던 그 소녀가 바로 멜라니 로랑이다. 멜라니 로랑은 영화감독과 환경운동가로 활발하게 활동하는 배우다. 2015년 개봉한 환경 다큐멘터리 〈내일〉은 멜라니 로랑이 국제환경보호단체 '콜리브리스'의 창립자 중 한 명인 시릴 디옹과 함께 만들었다. 기후변화로 인해 2100년이 오기 전에 지구의 일부가 사라질 수 있다는 논문에 충격을 받은 이들은 10개국을 떠돌며 더 나은 내일을 위해 노력하는 사람들을 만난다. 또한 멜라니 로랑은 그린피스 활동가들을 돕기도 하고 온실가스 감축을 위한 캠페인에도 적극적으로 참여한다. 더 나은 내일을 위한 그의 노력일 테다.

현실의 슈퍼히어로가 되다

마크 러팔로

마블 시네마틱 유니버스에 헐크가 있다면, 지구에는 마크 러팔로가 있다. 그렇게 말하고 싶다. 헐크는 마크 러팔로가 연기하는 슈퍼히어로다. 그가 현실의 영웅이 되고 싶어 하는 것은 아닌 것 같지만, 어쨌든 자연과 인류를 지키기 위한 활동을 하는 것은 비슷하다. 마크 러팔로는 '워터 디펜스Water Defense'라는 환경 단체를 설립해 수질 오염을 일으키고 환경에 악영향을 미칠 가능성이 높은, 대형 에너지 회사들의 천연가스 시추 방식에 반대하는 운동을 벌인다. 뿐만 아니라 환경(온실가스 배출 감소)과 동물보호를 위한 '고기 없는 월요일Meat free Monday' 캠페인의 공식 서포터로 활동한다. 환경운동은 물론 사회운동이 있는 자리에는 빠지지 않는데, 그가 스크린에서 연기하는 모습만큼 시위가 한창인 거리에서 피켓을 들고 서 있는 모습이 익숙하다.

그린피스와 함께 활동한다

마리옹 꼬띠아르

2013년도에 보았던 뉴스 기사가 있다. 기사 제목이 조금 자극적이어서 기억에 남는다. 정확하게는 "프랑스 인기 여배우 '감옥에 왜?'", 물론 기사 내용은 상상과 달랐다. 뉴스 기사 속 사진의 주인공은 프랑스와 미국을 오가며 활발히 활동하는 배우 마리옹 꼬띠아르. 마리옹 꼬띠아르는 그린피스의 열성적인 지지자이자 그들과 함께 활발히 활동하는 환경운동가다. 당시 러시아 해안 경비대가 자국의 해저 유전 개발에 반대하는 시위를 하던 그린피스 선박을 억류하고 운동가와 기자들을 체포했는데, 마리옹 꼬띠아르가 그린피스 회원들과 함께 이들의 석방을 요구하는 시위를 벌인 것. 이 때문에 광장에서 모조 감옥에 들어가는 퍼포먼스를 한 것이다. 마리아 꼬띠아르는 또한 열대우림을 보호하기 위해 그린피스와 함께 아프리카 콩고에 방문한 적도 있다.

환경 재단을 만들다

레오나르도 디카프리오

"지난 2015년은 역사상 가장 더운 해였습니다. 우리는 〈레버넌트: 죽음에서 돌아온 자〉를 찍기 위해 눈을 찾아 지구 남쪽 끝으로 내려가야 했습니다. 기후변화는 현실입니다. 심지어 이 순간에도 일어나고 있습니다. (중략) 우리 아이들의 아이들을 위해서, 탐욕의 정치로 소외된 약자를 위해서 이제는 우리가 바뀌어야 할 때입니다. 지구의 존재를 당연히 주어진 것으로 생각하지 마세요. 저도 오늘 밤, 이 순간을 당연히 주어진 것으로 생각하지 않을 테니까요." 레오나르도 디카프리오의 행동은 예측할 수 없다. 꽃미남 배우에서 시작해 완벽한 연기파 배우의 길을 걸을 때도 그랬고, 5번의 도전 끝에 드디어 건네받은 아카데미 시상식 남우주연상 트로피를 손에 들고 저렇게 수상소감을 말할 때도 그랬다. 레오나르도 디카프리오는 아마 가장 널리 알려진 배우이자 환경운동가일 것이다. 그는 자신의 이름을 건 환경 재단을 만들어 직접 다양한 프로젝트를 진행하며 환경운동에 앞장선다.

친애하는
나의 돌 수집가에게

미셸과 나눈 대화

모두가 돌을 탐한다. 반대로 모두가 돌을 하찮게 여긴다. 여행지의 공짜 기념품이 되기도 하고 골칫덩이가 되기도 하는 자연물, 돌에 관해 이야기하고 싶었다. 하지만 아무리 생각해도 미셸만큼 돌에 관해 이야기할 자신이 없었다. 미셸은 자신의 돌을 '애완석'이라고 부르며 돌을 주제로 책을 만들기도 한 나의 후배이자 소중한 친구다. 16시간의 시차를 넘어, 지구 반대편에 사는 미셸에게 말을 걸었다. "안녕, 잘 지내? 오늘 너의 돌 이야기를 해볼까 해."

에디터 김혜원   사진 Andrew Kim

진영, 미셸. 오늘 내가 너를 어떻게 부르는 게 좋을까?
태어났을 때는 진영, 그리고 이제 '첫 번째 이름(퍼스트 네임)'은 미셸이에요. 하지만 여권에는 둘이 나란히 있으니 편하신 대로. 책임을 넘겨요.

그럼 오늘은 특별히 미셸이라고 할게. 요즘에도 돌 모으고 있어?
돌 수집가라고 소개했을 때 상대방이 받아들일 만큼은 모아요. 항상 줍지만 자주 하지는 않는다, 정도. 산발적인 습관이죠.

돌에 관심을 갖게 된 계기가 뭐야?
사실 기억이 나지 않는데, 아마도 첫 경험에서는 충동을 따랐을 거예요. 눈에 띈다, 예쁘다, 손에 쥐니 간직하고 싶다, 그런데 가져가도 뭐랄 사람 없다. 그래서 주웠겠죠?

돌의 어떤 점이 좋았어?
마냥 좋다고 말하면 허무하니까 하나만 생각해볼게요. 음, 꽤 작은 내 손에 적절히 들어오는 것.

반짝이는 보석은 어때? 그것도 돌이라고 할 수 있을까?
광석도 모르면 돌 같잖아요. 그러면 다 돌이겠죠.

돌을 모으게 된 이유는 뭐야?
제 책 《펠트felt》에서는 "그냥 날 기쁘게 해서."라고 썼는데, 본능이었던 것 같아요. 지금도 그렇고. 이사를 자주 하다 보니까 그 사실을 인지하게 된 것뿐이고요.

여전히 너의 돌들을 애완석이라고 부르니?
그렇죠. 소리 내 부른 적은 없지만. 그래서 우유는 반려묘, 돌은 애완석인가 봐요. 아까 말했듯이 이사하면서 생존한 건 돌이니까요. 2014년, 5년간 공부하고 지내온 뉴욕에서 이민 가방 두 개로 짐을 추릴 때도, 돌이 우선이었죠. 아끼던 책, 옷과 가구는 처분하고. 물론, 당시 가지고 있던 돌을 전부 챙기지는 못했어요. 그때, 아직도 기억나요. 런던 생활을 마감하고 가지고 온 빈 마카롱 박스(저, 그냥 모으는 게 좋나 봐요)의 부피를 최대치로 정하고, 돌을 선별해 그 안을 채웠어요. 그 박스가 필통만 했으니까 몇 개 안 들어갔어요. 한 다섯 개 정도.

어떤 기준을 통과해야 너의 애완석이 될 수 있는 거야?
이거 《펠트》에도 남겼는데, 그대로예요. 내가 줍고 데려온 돌 중 아직도 나와 함께 있는 것들.

돈을 주고 돌을 사기도 해?
하나 사도 괜찮겠다 싶은 계기가 생기면 사요. 작고, 색이나 형태가 마음에 들고, 비싸지 않으면.

올여름 일본 여행에서도 새로운 애완석이 생겼니?
아뇨. 대신 영수증과 엽서, 각종 가게에서 받은 비닐봉지를 챙겨왔어요. 이것들은 제게 돌과 다름없어요. 선별 방식부터 가치까지. 아, 그리고 앤드류는 리시리 섬의 국립공원에서 파편이 된 나무 한 조각을 가지고 왔어요. 지금, 소파 옆구리에 놓인 작은 탁자 위에 전시 중이에요.

여행지에서 무언가를 챙기면 집으로 돌아갈 때 짐이 되진 않아?
뭐든 짐 가방에 넣으면 짐인 동시에 보석이라 여기는 것 같아요. 결국 집으로 가져가고 싶어서 사거나 줍거나 모으는 것이니. 그리고 돌 같은 경우는 단번에 많이 줍지도 않고, 손안에 들어오는 작은 것 위주로 챙겨서 괜찮아요.

모은 돌은 어디에 보관해?
전용 보관함이 있어요. 여러 개의 작은 칸으로 나뉘어 있는 투명한 박스 같은 함인데요. 각 '방'마다 도시별로 분류해놓은 돌들이 쉬고 있어요. 이렇게 쓰고 나니 마치 돌을 위한 캡슐 호텔 같네요.

그 돌들은 어떻게 관리해?
방치해요. 다음 이사 때까지.

네가 간직한 돌들, 어디에서 왔는지 모두 기억하겠다.
'캡슐 호텔'의 방마다 도시 이름을 새긴 이름표를 두니까요.

돌들의 고향 중 가장 인상적인 장소가 궁금해.
지금 유지하고 있는 컬렉션을 시작하게 한 돌. 하지만 브라이튼에 대해서는 이미 충분히 이야기한 것 같아서 다른 돌에 대해 알려줄게요. 도쿄에 놀러 갔을 때, 도큐 핸즈Tokyu Hands에서 카반사이트Cavansite를 발견했어요. 인도에서 온 푸른 광물. 1500엔이었는데, 진짜 웃긴 게 그 새끼손톱만 한 돌을 투명한 박스에 담아 파는 거예요! 플라스틱이긴 했지만, 밴쿠버에서는 정말 비싼 돌도 그렇게 섬세하게 전시하듯 포장해 판매하지 않거든요. 보석도 아닌데, 당당한 화학식 이름(Ca(VO)Si4O10·4H2O)부터 원산지와 제목처럼 붙여놓은 가격표까지. 매료돼서 바로 샀죠.

돌에 관한 책(《펠트》)을 만들기도 했잖아. 갑자기 궁금하다. 왜 돌이 주제였어?
뭐든 최초를 떠올리면 '왜'라는 (질문의) 자리는 없었던 것 같아요. 돌을 주울 때의 충동과 비슷한 것일지도 모르겠네요. '돌'보다는 늘 '책'을 만들고 싶었고, 지금 남편이 된 앤드류도 그랬다고 해서 시작된 거죠. 하지만 최초의 주제를 돌로 정하고 그것을 따라가는 과정은 충동적이지 않았어요. 그런 의미로 조금 더 깊이 써볼게요. 돌은 무수하고 단단한 물체이면서도 출처와 정체가 불분명해요. 그런 감정선을 따라가다 보면 휴화산, 사랑과 우주가 잇따라 있죠. 그래서 돌에서 시작한 거예요. 앤드류는 물건과 물체에서 영감을 받는 산업디자이너고, 저는 보이지 않는 예술에 더욱 매력을 느끼죠. 하지만 동시에 그는 우주를 동경하고 저는 꾸준히 돌을 줍고 있어요. 이런 성향 또한 돌의 구성과 닮아 있는 것 같아요.

사람들은 왜 돌을 모으려고 하는 걸까? 똑같은 질문을 네 책에서 했었지?
《펠트》를 통해 인터뷰한, 지질학 교수이며 불운을 일으키는 돌에 대한 책을 쓴 라이언 톰슨Ryan Thompson의 말 중 와닿는 문장이 있어요. "돌이 정확히 무엇이라고 설명하기 어렵다." 무엇이라고 정의할 수 없으면서도 가시적이고, 손에 사실처럼 묵직하게 잡히는데 어떻게 지나칠 수 있을까 싶네요.

책을 만들면서 돌에 대해 새롭게 알게 된 게 있어?
그 계기로 여태까지 모아 온 돌들의 출처, 혹은 '주인'들을 돌아보게 됐고, 손편지와 함께 돌을 돌려주기로 마음먹게 됐어요.

그 전까지 돌을 돌려보내고 싶은 마음이 든 적은 없었어?
주운 돌은 다시 돌아보고 그 자리를 떠나기 전까지 계속 고민하기 때문인지 돌려줄 생각을 한 적은 없는 것 같아요. 예전에 챙긴 돌들이 불법이었다는 것을 깨달았을 때 빼고는요.

네가 《펠트》에서 소개한 라이언 톰슨의 책에서, 관광지에서 가져온 돌을 편지와 함께 돌려보내는 사람들의 이야기가 신기했어. 그들은 왜 돌을 돌려보낸 걸까? 넌 그 마음을 알까 싶었어.
미국 석화림 국립공원Petrified Forest National Park은 보석처럼 반짝반짝한 오색의 규화목Petrified Wood으로 유명해요. 이보다 조금 더 신기(?)한 건, 규화목을 은근슬쩍 가지고 간 방문객들의 '양심의 편지Conscience Letter'예요. 이들은 규화목을 집에 들이고 난 후부터 불운을 겪었다고 고백하며 손편지와 함께 자신이 가져간 조각을 공원으로 돌려보냈어요. 누구는 반려견이 죽은 후 곧이어 반려묘까지 세상을 떠났다고 썼고, 많은 이들이 공통적으로 가족 간의 트라우마와 죽음을 감수해야 했다고 호소했죠. 이것을 발견하고 흥미를 느낀 라이언 톰슨과 필 오어Phil Orr는 편지와 함께 돌려보낸 돌들을 사진으로 기록하고 엮으면서 이 편지들을 '양심의 편지'라고 명명했어요. 그리고 돌을 돌려줄 테니 제발 남편의 건강을 되돌려 달라는 여인까지 있었기 때문에, 그들이 왜 돌을 돌려보내려고 했는지에 대해서는, 제가 답할 수는 없는 것 같아요.

너도 돌을 돌려보냈잖아. 너의 돌들은 원래의 자리로 돌아갔을까?
'브라이튼에 몽돌을 돌려주자Bring a Pebble Back to Brighton' 프로젝트를 발견한 후, 브라이튼 관광청에 이메일을 보내 돌을 돌려보낼 방법을 부탁했어요. 그랬더니 담당 직원인 로라한테 이런 답장이 왔죠. "너만 돌을 주우러 간 건 아니니 걱정하지 마! 게다가 우편비가 꽤 비쌀 테니까 간직하거나, 훗날 다시 방문할 때 가지고 와. 아름다운 브라이튼에 다시 찾아오기 위한 훌륭한 구실이지!" 이렇게 친절하고 너그럽게 대해줬기 때문에 브라이튼에 보낸 돌 만큼은 꼭 제자리로 돌아갔을 것 같네요.

네가 보낸 다른 편지와 돌들에 대한 답장이나 연락은 없었어?
답장은 없었어요.

앞으로도 계속 돌을 모을 거야?
진짜 돌이든, 돌 같은 물건이든, 계속 모을 것 같아요.

돌 수집가로서 돌을 모으려는 사람들에게 조언을 해준다면.
이론적으로, 돌에게 하나의 주인이 있다고 여기진 않지만, 그래도 어느 정도 책임감을 갖고 돌을 줍는 게 필요하다고 생각해요. 정말 '애완'할 것인지에 대해서도요.

___

며칠 뒤 미셸에게 메일이 왔다. "저희 책 앞부분을 보면 앤드류와 제가 나눈 영어 대화가 있어요. 이전 답변으로 충분한 것 같기도 해서, 이걸 왜 옮기는지 모르겠지만, 혹시 무엇이든 간에 도움이 되길 바라며 일부를 느슨하게 옮겨 보내드립니다."

A 그럼 돌이 뭐라고 생각하는데?
M 비밀을 담은 메시지일 수도 있지.
A 과거를 기록하기 때문에?
M 아니, 그건 사람들이 그렇게 여기는 거고. 예를 들어 뉴욕 자연사박물관에 가면, 별 모양을 가운데에 새긴 유명한 돌이 있는데, 사실 우린 그 모양이 어떤 의미를 가지고 있는지 알 수 없어.
A 그러면 펫(애완석)이야?
M 지정된 한 지역에서 발견되는 돌을 모조리 모아서 퍼즐처럼 맞출 수 있다면, 그들이 전하고자 하는 암호를 해독할 가능성도 있지. 〈인터스텔라〉처럼.
A 모스부호. 돌은 모스부호일 수도 있어.
M 혹은 그의 변주.

M 다음 질문. 나는 돌을 좋아하는데, 너는?
A 그런 것 같아. 과거에도 돌을 모았으니까. 조금 특이하거나 쿨하게 생긴 게 있으면 줍곤 했지. 그런데 너처럼 돌에 집착한 적은 없는 것 같아. 네가 나한테 돌을 좋아하냐고 묻는 건, 네가 나에게 물을 좋아하냐고 묻는 것과 마찬가지니까.
M 그래서 넌 물을 좋아해?
A 응. 근데 그건 당연한 거야.
M 왜?
A 돌을 안 좋아할 이유가 있어? 싫어한다면, 이 행성에서 살 수 없지. 지구는 돌로 만들어졌으니까.
M 너의 생각은 지나치게 이성적이야.
A 그래?
M 응.

M 그런데 넌 왜 나랑 이 책을 하기로 했어?
A 흥미로운 콘셉트여서.
M 조금 더 구체적으로.
A 전에 말했잖아. 완전히 별 볼 일 없는 주제를 통해 정교한 책을 만들고 싶다고.
M 별 볼 일 없다고?
A 돌은 지천으로 널려 있잖아. 누가 돌에 대해 생각해. 그러니까, 일상적인 오브제잖아.
M 그 정도는 인정할 수 있어.
A 돌이야 당연히 중요하지. 지구는 큰 돌이잖아. 나는 한 가지 대상을 깊숙이 파고드는 사람이 흥미로워. 그게 장인이든 돌에 대해 꾸준히 글을 쓰는 너든. 재밌잖아.
M 그런데, 책이 딱히 돌에 대한 것도 아니잖아.
A 하지만 돌을 언급하기도 하지.
M 어느 정도.
A 왜냐하면 책을 만들면서 늘 돌에 대해 생각하고 있잖아. 글이 돌에 대한 이야기든 아니든. 우리는 돌(돌이라는 존재)을 축하하고 기념하는 거야.

A 그러면 왜 돌을 줍는 거야?

M 그냥, 날 기쁘게 해.

A 해변을 걷다가 '이거 주워야지.' 마음먹게 되잖아. 그건 왜 그런 거야?

M 나한테 해변에서 한 시간을 준다면 난….

A 해변을 수놓은 모든 돌을 줍는다고?

M 호주머니에 넣을 수 있는 만큼 주웠지. 그게 나의 암묵적인 법칙 같은 거였어. 잡는 순간, 돌은 특별해지거든. 내가 고른 것이 독보적이어서가 아니라, 사실 생각해보면 특정 바닷가의 돌, 다 비슷하잖아. 그 돌이 특별한 이유는, 내가 발견해서 집으로 데려가기로 결정하고, 그 후 5년간 보지 않게 되기 때문이야. 책을 준비하면서 끄집어낸 것 빼고는.

A 그래서 넌 아무 돌이나 줍겠다고? 이유가 있을 법도 한데.

M 너를 만나고 나서 돌을 선별하는 방법이 조금 더 까다로워졌어. 너는 돌을 줍는 기준이 조금 더 명확한 것 같더라.

A 왜냐하면 나는 세상의 모든 것이, 이것은 돌도 포함이야, 생존을 위해 힘써야 한다고 생각해서 그래.

M 그건, 너는 경쟁심이 강한 영혼이고 나는 아녀서 그렇지. 책에 있는 글과 비슷해. 전체적으로 봤을 때 딱히 한곳을 뾰족하게 바라보지도 않잖아. 그게, 내가 책을 준비할 때 원하던 방향이었어. 어떤 때는 슈퍼마켓으로 산보 가는 것에 대해 쓰고 싶고, 어떤 때는 벤치에서 우연히 만난 남자에 관해 이야기하고 싶지. 둘 다 초자연적인 사건은 아니지만, 돌도 나에게 마찬가지야. 어느 날 하나를 줍고 나니 나에게 대단해진 거지.

미셸과 앤드류가 인터넷에 세운 집

H. ichelleim.com

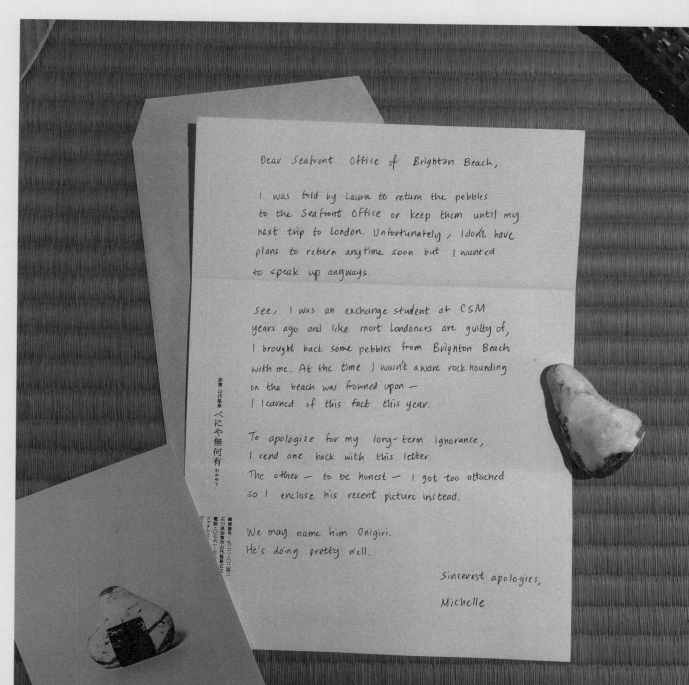

플라스틱 프리 선언

빨대와의 전쟁: 플라스틱의 전성시대

영화 〈범죄와의 전쟁: 나쁜놈들 전성시대〉의 배경은 1990년, 범죄와의 전쟁이 선포된 이후다. 당시 정부는 폭력조직을 전면 소탕한다고 선언했고, 무수한 조직폭력배들이 잡혔다. 무언가를 소탕한다는 것은 반대로 생각해보면 해당 대상이 활개를 펼치며 활발하게 전성기를 보내고 있다는 뜻이기도 하다. 그리고 2018년 8월, 환경부는 카페 매장 안에서의 일회용 컵 사용 단속을 본격화하기 시작했다. 빨대 또한 기존 플라스틱 빨대에서 종이 빨대로 바꾸었다. 이건 하나의 선언이자 대규모 작전이기도 하다. 바로 지금, 플라스틱 전성시대에서 외친다. 빨대와의 전쟁을 선포한다!

에디터 **이자연**

©오션클리오 Matthew Chauvi

편리와
맞바꾼 것

이번 따라 유난스러운 건 아니다. 일회용품을 줄이자, 나무를 심자, 플라스틱 사용을 멀리하자, 같은 이야기가
들려온 건 아주 오래전부터였으니까 말이다. 하지만 어쩐지 이번 상황은 이전과 다른 것 같기도 하다. 카페 안
에서 일회용품 사용을 금지하고, 하루가 다르게 플라스틱으로 바다 생물들이 죽어가는 모습을 접하면서 그 심
각성이 내 몸으로, 피부로 와 닿기 때문이다. 어쩌면, 정말 어쩌면 우리는 돌이킬 수 없는 곳으로 와 버린 건지
도 모르겠다는 생각이 들었다.

하루에도 많은 일회용품을 쓰고 버리길 반복한다. 편의점에서 산 우유와 우유를 마시기 위해 가지고 온 빨대.
우유 뚜껑 껍질과 빨대 껍질은 또다시 분리되니 일회용품의 가짓수는 더욱 늘어난다. 집 앞 분리 수거통을 가
득 채운 비닐봉지와 생수병, 배달음식을 담았던 상자와 통들을 보면 우리가 그동안 인지하지 못하고 쓰고 버린
일회용품이 얼마나 많은지 더 잘 알 수 있다.

한번 쓰고 간편하게 버리면 되니 무척이나 편리하다. 말하자면 내가 일회용품과 맞바꾸는 것은 나의 편안함이
다. 일회용품은 궁극적으로 무엇과 맞바뀔까. 어느 누군가 그건 환경 파괴라고 누누이 말하곤 했다. 그럼 조금
더 멀리서 보자면, 내가 편안하고자 맞바꾼 것은 무얼까? 간단하다. 환경 파괴다.

여름을 버티는 게 혹독하고, 가을과 봄이 짧아졌다. 필리핀의 아름다운 바닷가는 쓰레기투성이라 관광객의 방
문을 금지했고, 미세먼지 없는 아름다운 하늘은 무척이나 귀해서 사진으로 꼭 찍어 간직한다. 이 모든 걸 누가
나서서 자처했을까. 간단하다. 그건 '나'다.

플라스틱과
숫자들

1

우리나라의 플라스틱 원료 연간 소비량은 132톤으로, 세계 1위를 차지했다.

2

우리나라의 포장용 플라스틱 사용량은 연간 61.97킬로그램으로, 세계 2위를 차지했다.

420

한국인 1인당 연간 비닐 사용 개수는 평균 420개로 추정된다.

100

그리고 그 숫자는 핀란드의 100배에 달한다.

7

북태평양 바다에는 한반도 면적의 7배에 달하는 섬 하나가 있다. 그 섬의 이름은 'GPGP(Great Pacific Garbage Patch)'이다. 거대한 플라스틱 쓰레기 섬인 것. 현재 남한 면적의 15배 이상일 것으로 추정하고 있다.

1조 8000억

그리고 그곳의 쓰레기 개수는 1조 8000억 개로 추정된다.

5

플라스틱을 쓰는 데 걸리는 시간, 5분.

500

플라스틱이 분해되는 데 걸리는 시간, 500년.

4

일회용 쓰레기 중 재활용으로 사용되는 비율은 4퍼센트.

95

일회용 쓰레기 중 95퍼센트가 매립된다.

ⓒ오션클린업 Matthew Chauvi

ⓒ오션클린업 Kyler Badten

70

심해어 7종의 70퍼센트에서 미세 플라스틱이 검출되었다.

2017

중국이 2017년, 재활용 가능한 폐기물을 수입 중단했다. 실제
로 중국은 2016년에만 무려 730만 톤에 달하는 폐플라스틱을
수입했다. 하지만 중국 수출길이 막히면서 재활용 폐기물 대란
이 발생했다. 전세계적인 일회용품 사용 규제의 방아쇠를 당긴
사건으로 꼽힌다.

25

전 세계에서 중국으로 보낸 쓰레기 비율은 전체의 25퍼센트에
달했다.

8

국내에서도 올해 8월부터 카페 매장 내부에서는 일회용 컵 제
공을 금지했다.

200

카페 안에서 플라스틱 컵을 사용하면 횟수와 영업장 면적, 이용
인원에 따라 최대 200만원까지 과태료가 부과된다.

100만

만 연간 플라스틱 섭취로 죽어가는 바닷새의 수, 100만 마리.

257

한 사람이 1년 동안 사용하는 일회용 컵 평균 개수.

93

전 세계 생수의 93퍼센트가 물 자체, 또는 플라스틱 용기 등으
로 인해 오염됐다고 한다.

2050

환경운동가들이 바다가 물 반, 쓰레기 반이 될 거라고 예상하는
시기.

2020

스타벅스가 플라스틱 빨대를 퇴출하겠다고 선언한 목표 연도.

당신의 손으로
완성한

뉴욕으로 가보자. 그곳에는 작가이자 환경운동가인 콜린 베번Colin Beavan과 그의 가족이 살고 있다. 콜린을 포함하여 아내인 미셸과 딸, 세 가족은 '노 임팩트 프로젝트'를 시작하기로 하고, 이 모든 과정을 다큐멘터리 영화로 제작했다. 내용인즉슨 환경에 무해한 생활을 이어가면서 하루하루를 낱낱이 기록하려는 것이었다. 지구에 선명해진 인간의 발자국을 지우고, 자연의 원형을 보존하려는 마음을 담으면서. TV를 버리고, 쇼핑을 끊고, 대중교통을 이용하며, 지역에서 나온 농산물만 사용하는 것을 시작으로 전기 사용을 금지하고 쓰레기 배출 제로를 목표로 두었다. 그들은 모든 활동을 간소화하며 1년을 지내기로 한다. 쇼핑 천국이자 소비 과잉의 뉴욕에서 과연 이 프로젝트는 성공할 수 있었을까.

결코 쉽지 않았다. 뉴욕에서는 커피가 나지 않기 때문에 미셸은 커피를 끊어야 했고, 금단증상으로 예민하고 짜증 섞인 목소리를 종종 내곤 했다. 이용할 수 있는 지역 재료도 한정적이어서 늘 비슷한 메뉴를 먹었고, 휴지를 사용하지 않기 시작했을 땐 위생 개념이 없다며 다수의 사람으로부터 비난을 받아야만 했다. 가족들은 화를 냈고 위태로웠다. 하지만 동시에 진정한 '함께'를 비로소 말할 수 있게 되었다. 세탁기를 사용하지 않기에 욕조에 물을 담아 세 가족이 빨랫감을 밟았고, 불을 켜지 않는 밤에는 TV와 거리를 두고 몸 동작을 알아맞히는 게임을 하거나, 초를 켜 대화를 나누었다. 어떤 밤에는 이웃이나 친구들을 초대하기도 했다.

콜린과 그의 가족 이야기는 많은 지지와 응원을 얻었다. 뉴욕에서 가장 '인간다운' 모습을 보인다며 많은 이들로부터 박수를 받았다. 하지만 여기서 잠깐. 영화와 책을 통해 콜린이 주고 싶었던 메시지는 우리가 콜린이 되라는 말이 결코 아닐 것이다. 늦은 밤 TV를 봐도 좋고, 지구 반대편에서 날아온 커피와 뉴질랜드산 과일을 먹어도 좋다. 다만 잊지 말 것은 쓸데없는 것을 줄여 모든 소비를 최소화하는 것. 이것 하나다. TV를 보지만 잘 땐 꼭 끄고 잠들고, 먼 원산지의 커피와 과일은 먹지만 최대한 탄소 배출이 적은 지역 상품을 소비하는 것처럼 말이다. 생각보다 가볍고, 생각보다 간단하다. '콜린이기 때문에, 콜린이 특별한 사람이기 때문에, 콜린이 유난히 근면 성실하기 때문에'와 같이 그의 행동을 특별한 것으로 만들어 타자화시켜서는 안 된다. 모든 걸 다 바꾸고, 멈추고, 멀리할 수 없어도 최소화하고 양심을 돌이켜 보는 것. 그것이 우리가 차츰 완성해 나갈 수 있는 것이다. 그때 우리의 '인간다운' 삶을 찾게 될 테니까.

환경을 걱정하는
영화들

노 임팩트 맨
로라 가버트, 저스틴 쉐인 | 다큐멘터리

"도시에서 살지만 환경을 해치지 않으려고 노력하는 거죠."
작가이자 환경운동가인 '콜린'은 1년 동안 가족들과 함께 지구에 무해한 생활을 하기로 했다. 전기를 끊고, 손빨래를 하고, 지역에서 나온 농산물만 먹고, 먼 곳으로 여행을 떠나지 않고, 일회용품을 사용하지 않는다. 불편함을 자처하는 생활의 모습이 말 그대로 무척 불편해 보이지만 그가 우리에게 보여주는 것들은 결코 가볍지가 않다. 편리를 벗어던지고 싶어지는 장면들이 가득하다.

불편한 진실
데이비스 구겐하임 | 다큐멘터리

"미지근한 물을 점점 가열할 때 그 안에 들어 있는 개구리는 뛰쳐나올 생각을 하지 못합니다. 우리는 과연 개구리가 되고 말 것인가요?"
기상이변으로 심각한 환경 위기가 닥쳐오고 있다. 자연의 아름다움과 경이로움을 자랑하는 빙하와 만년설이 녹아내리기 시작한 것이다. 그리고 빙하의 융해는 곧바로 생태계 파괴로 이어진다. 미국 전 부통령이자 환경운동가인 '엘 고어'는 모든 지식과 정보가 축약된 강연을 진행하기도 한다. 우리의 생활이 당장 불편해진다. 그리고 환경 보호는 거기서 시작된다.

산호초를 따라서
제프 올롭스키 | 다큐멘터리

"저 아래 놓여 있는 것이, 비로소 우리 앞에 무엇이 있는지를 보여준다."
첫 시작은 산호초의 탈색 과정을 기록하고 싶은 마음이었다. 살려달라고 SOS 신호를 보내는 산호초의 변화를 기록할, 사상 첫 타임랩스 카메라를 발명하겠다는 목표로 시작된 것이다. 그렇게 광고인, 자칭 산호초 마니아, 일류 카메라 디자이너, 세계적으로 유명한 생물학자들이 모여 서로의 지식과 상식, 지혜를 한데 모으기로 했다. 경외감을 불러일으키는 아름다운 장면과 함께 바닷속 풍경을 담은 장면들을 볼 수 있다.

비포 더 플러드
피셔 스티븐스 | 다큐멘터리

"저는 이 동물들이 없는 지구에서는 살고 싶지 않습니다."
아카데미 남우주연상 수상자이자 환경운동가, UN 평화대사인 레오나르도 디카프리오가 내레이터이자 주연으로 등장하는 다큐멘터리 영화다. 레오나르도 디카프리오는 전 세계가 직면한 기후 변화를 조망하고 해결책을 찾기 위한 각국의 다양한 활동을 보여준다. 그는 내내 이야기를 이끌어 가며 버락 오바마, 프란치스코 교황, 엘론 머스크, 환경학자와 과학자, 정치인과 종교인을 만나며 지구온난화에 관한 인터뷰를 진행한다. 우릴 대신한 질문을 담은 여러 장면이 있다.

나는 과연 쓰레기를
만들지 않고 살 수 있을까

내가 줄이기 전에는 모르던 것들

사람의 습관을 바꾸기는 쉽지 않다. 하지만 마음먹기 시
작하면 작은 부분까지 태도가 달라진다. 어디까지 내가
할 수 있을지 알 수 없다. 마음 가는 대로 움직이다 보면
언젠가 내 손으로 쓰레기 하나 만들지 않는 날도 오겠지.

글 배민지(매거진 《쓸》 편집장) 사진 김건태

어릴 적 집 안 곳곳을 내 물건들로 잘 어지르고 다녔다. 귀지를 닦아낸 면봉은 화장대 앞에, 마시고 난 우유팩은 책상 위에, 먹고 난 과자 봉지는 TV가 있는 거실에, 항상 내동댕이쳐놓았다. 그럴 때마다 어김없이 어머니의 잔소리는 멈추지 않았다. "네 건 네가 좀 치워라! 우찌된 게 맨날 머라 캐도 안 되노! 어지럽히는 사람 따로 있고, 치우는 사람 따로 있노?" 이 말소리가 귓가를 스쳤지만 그 습관은 잘 고쳐지지 않았다. 하지만 학교에서 돌아오면 내가 어지른 물건과 쓰레기들은 깔끔하게 정리되어 있었다. 그렇게 어지럽히는 습관은 스무 살을 넘겨 성인이 되어서도 계속되었다.

대학을 졸업하고 취직을 해 한창 일할 때였다. 프랜차이즈 피자 가게에서 일했는데 본사의 로고가 예쁘게 새겨진 종이컵을 매장 사람들 모두 사용하고 있어 나도 하루에도 몇 개씩 새 종이컵을 꺼내 썼다. 그렇게 쓴 종이컵은 또 매장 곳곳을 어지럽혔다. 하지만 그날 마감 청소를 하는 누군가가 정리를 해주면 다음 날 또 새 종이컵을 사용하기 일쑤였다.

그런 일상을 반복하던 어느 날, 우연히 다큐멘터리 한 편을 보게 되었다. 전 세계에서 버리는 휴대폰, TV, 전자레인지 등의 전자폐기물을 정말 가난한 마을에서 고사리 손을 가진 어린아이부터 어른까지 동네의 모든 사람들이 중금속들을 걸러내고 분류하는 모습이었다(지금 생각해보면 아마도 중국 같다). 다큐멘터리를 보다가 헉 하고 놀랐다. 흔히 보던 내 친구의 휴대폰 기종이 꼬마 아이의 손에 들려 있는 것 아닌가?! 그런데 더 충격은 그 아이는 앙상하게 말라 있었고 심지어 중금속에 중독되어 피부병까지 생긴 지경이었다.

다큐멘터리를 본 그날 밤 내내 '내가 쓰고 버리는 물건과 쓰레기를 치우지도 못하면서 버릴 자격이 있을까?'라는 때 아닌 반성을 하게 되었고, 내가 쓰고 버리고 어지르던 것들이 꼬리에 꼬리를 물고 이어져 말똥말똥한 정신으로 밤을 지새웠다.

그때부터였다. 내가 쓰는 모든 것들이 쓰레기가 된다는 사실을 새삼 깨달았다. 그렇게 버린 쓰레기는 바다로 흘러 들어가 떠돌며 동물들이 먹게 되고, 우리나라에는 이제 더 이상 쓰레기를 묻을 땅이 없다는 얘기도 심심치 않게 들렸다.

그 모든 쓰레기를 줄이고 싶었다. 최대한 안 만들고 싶었다. 하지만 쓰레기를 줄이겠다고 마음먹기 무섭게 실패했다. 편의점에 들러 물을 사 마시면 페트병이 남았고, 심부름을 하러 시장을 갔다 오면 비닐봉지가 한가득 쌓였다. 그런데도 포기하지 않고 방법을 찾아 조금씩 줄여나갔다. 포장되지 않은 채소와 과일 등을 사서 내 가방에 넣으면 비닐봉지 사용을 충분히 줄일 수 있었다. 이미 비닐봉지에 둘러싸인 것들은 애초에 사지 않았다.

그렇게 쓰레기를 만들지 않으려고 하다 보니 자연스레 일상의 모습이 조금씩 바뀌고 있었다.

요즘 나는 이렇게 산다. 아침에 눈을 떠 헝클어진 머리 그대로 화장실에 간다. 잠을 깨기 위해 비누로 세수를 한다. 칫솔에 물을 적시고 녹차가루와 베이킹소다, 죽염가루를 섞어 만든 가루 치약을 묻혀 양치를 한다. 종이로 포장된, 샴푸로 쓸 수 있는 비누로 머리를 감는다. 뻣뻣해진 머리는 식초와 린스를 푼 물에 헹군다(아직 린스를 완전히 못 뗐다).

샤워를 마치고 나와 귀이개에 얇은 거즈를 말아 물기 묻은 귓속을 닦아낸다(사용한 거즈는 모아두었다가 손빨래를 한다). 도톰한 수건으로 머리를 말린다. 옷을 갈아입고 텀블러와 손수건을 챙겨 집 밖으로 나선다. 아! 오늘 외부 강연에서 도시락을 나눠 준다고 했지. 다시 집에 들어가 젓가락과 빨대까지 들어 있는 주머니를 챙겨 들고 나온다.

사무실에 도착해서 텀블러에 물을 또르르 받아 마신다. 외부 강연을 나가서는 챙겨 간 젓가락으로 식사를 했다. 그리고 열심히 일을 하고 퇴근한다. 집에서 저녁을 먹고 결명자를 몇 알 띄워 물을 끓여놓는다. 다음 날까지 식혀서 냉장고에 넣어둔다.

이렇듯 내 생활은 티 나지 않게 바뀌고 있다. 하지만 모든 부분에서 쓰레기를 만들지 않는 생활은 단기간에는 가능하지만 장기간은 쉽지 않다. 그렇지만 지금부터라도 해야 하는 것은 당연지사. 주변 사람들과 더 많이, 자주 대화를 나누는 기회를 만들고 정보를 공유하고 있다.

"오늘 빨대 안 쓰고 김밥도 통에 가져왔어요."

생활이 조금씩 바뀌면서 집 안 곳곳 어지르는 습관이 자연스레 고쳐진 것이다. 스스로 내 물건을 정돈하는 습관이 점점 몸에 배기 시작했다.

문득 그런 생각이 들었다. 내가 쓰레기를 만들지 않는 생활을 하지 않았다면, 어쩌면 우리 어머니가 내 뒤를 따라 치우는 노고를 모른 채, 한 번 쓰고 버리는 종이컵도 아까운 줄 모른 채, 모든 쓰레기를 무심하게 버리며 정돈되는 삶의 모습을 모른 채 살고 있지는 않을까.

매거진 《쓸》

'포장하지 않는 일상, 제로웨이스트 라이프스타일을 전하다.' 매거진 《쓸》은 쓸 수 있는 자원에 대해 생각하며 생활하는 '제로웨이스트 라이프' 이야기를 담은 잡지입니다. 제로웨이스트 라이프란 내가 가지고 있는 것들을 소중히 여기고 보이는 것에 매이지 않는 자연스러운 삶을 이야기합니다.

가뿐히, 기꺼이

숲 속의 낮잠

여행을 떠나면 넓은 공원이나 너른 잔디밭이 있는 광장,
가까운 들판으로 나선다. 그러면 그곳엔 오후의 곤한
표정을 지은 사람들이 널부러져 낮잠을 청하고 있다.

에디터·포토그래퍼 이자연

낮잠
부족 시대

오늘날은 아마도 '낮잠 부족 시대'인지도 모르겠다. 봄이 지난 지가 언젠데, 점심만 먹으면 눈꺼풀은 자꾸만 아래로 내려오고 나도 모르게 투명 상모를 돌리게 된다. 내 뒷자리에 앉은 디자이너가 졸다가 아예 책상에 엎드리는 모습도 몇 번 봤다. 왜 이렇게 낮잠을 갈구하게 되는 걸까. 몸의 소리에 귀 기울여보기 위해 포털 사이트에 '낮잠의 효과'를 검색해보았다. 놀랍게도 30분가량의 낮잠만으로도 신체에는 큰 변화가 일어난다고 한다. 가령 이런 것들. 낮 동안 쌓인 피로가 완화되고 우울한 기분이 전환되며, 두통이나 위염, 신장질환이나 암의 위험이 현저히 줄어든다는 것이다. 게다가 기억력과 창의성이 향상되기 때문에 업무 효율이 증가하고 궁극적으로 행복한 삶으로 다가갈 수 있다고 한다. 낮잠의 장점을 늘여 쓰는 것은 결코 편집장님에게 보여주기 위해서가 아니다. 어쨌든 어려서는 자기 싫어도 낮잠을 자야만 했고, 중고등학교 땐 책상에서 쪽잠으로 낮잠을 채웠는데, 어른이 되니 낮잠의 혜택에서 멀어지게 되었다. 우리는 필사적으로 낮잠을 쟁취해야 한다.

하품이 전염되는 것처럼 잠도 전염된다. 공기 중으로 잠이 퍼져나가는 건지, 누군가 잠이 든 공간에 함께 있으면 나도 모르게 슬그머니 잠에 빠져든다. 들숨과 날숨 사이로 졸음 바이러스가 비집고 들어오는 게 분명하다. 돌이켜보면 오랜 시간 까마득한 수마를 이기기 위해서만 부단히 노력해왔다. 중간고사와 기말고사를 위해서, 대학 입시를 위해서, 취업 준비를 위해서, 돈을 벌기 위해서. 여러 목적을 갖고 나는 잠들과 싸웠다. 나의 적도 아닌 것과 거리를 두기 위해 안간힘을 쓰다니. 어쩐지 조금 억울해진다.

이따금 찾아와 낮잠을 자거나 숙제를 하는 소녀. 이 사랑스러운 소녀의 주위를 어떻게 끌 수 있을까? (중략) 폭군은 넝쿨 하나를 뻗어 피아노의 늘어진 현을 잡아당겼습니다. 순간 맑은 음 하나가 숲에 물결쳤습니다. 나무힘줄로 피아노를 되살려놓은 폭군은 음악을 만들기 시작했습니다. 괴물의 가슴 어디에 이런 음악이 깃들어 있었을까요? 소녀의 낮잠 속으로 아름다운 음악이 흘러들어갔습니다. 그것은 나무의 음악이자 밀어였으며, 소녀의 마음을 얻기 위해 숲의 모든 것이 유기적으로 존재하고 있었습니다.

– 익명소설 작가모임, 〈나무힘줄 피아노〉 중에서

낮잠에서 깨어나 마주친 이 세상은 아주 낯설었다. 눈에 보이는 모든 사물이 푸르스름하게 물들어 있었다. 왜, 어린 시절엔 낮잠에서 깨어나면 그렇게 서러웠을까. 나는 지금도 나의 아이가 낮잠에서 깨어나 서럽게 울 때면 가슴이 철렁해진다. (중략) 푸르스름한 저녁 빛이 이 세상에 내려앉을 때, 화단에 심어진 파초나 담장 따라 올라간 연분홍빛 월계꽃 이파리조차 푸른 필터를 끼운 것처럼 보이는 아침인지 저녁인지 분간할 수 없는 그 순간에 말이다. 누구도, 사랑하는 누구와 함께 있어도 모두 고아 같은 그 어스름의 시간.

– 공지영, 《봉순이 언니》 중에서

드러눕는
용기

처음은 런던이었다. 잔디밭과 숲, 나무 그늘과 빈 벤치를 향해 편히 등을 내주는 사람들을 발견한 곳 말이다. 사뭇 낯설었다. 나의 고장에서는 대부분 잔디 안으로 들어가지 말라는 푯말과 함께 작은 울타리가 쳐져 있기 때문이다. 잔디밭 위에 마음대로 엉덩이를 들이밀고 등을 기대는 게 영 어려운 일처럼 느껴졌다. 그래도 양옆에 있는 사람들의 모습을 따라 누워보았다. 아무것도 깔지 않고 잔디밭 위에 눕는 건 난생처음이라 왠지 찜찜했다. 들고 다니던 지도를 펼쳐 다시 그 위에 누웠다.

시원하게 드러나는 하늘 안으로 나뭇가지가 삐죽 시야에 들어왔다. 눈앞을 가리는 건 없고 사람들의 웃음소리와 말소리만 들렸다. 팔과 다리 사이로,

그 계절의 바람이 가 닿았다. 나는 땅 위에 그대로 있는데, 이름 모를 해방감을 누릴 수 있었다. 그러니까 인간은 드러누움으로써 자유를 만끽할 수 있던 것이다. 풀과 나무, 강가와 바닷가로 향한 사람들은 결국 그 앞에서 전부 드러눕는다. 인간이 역사적으로 자연스럽게 직립보행을 하게 된 것이 과연 진실일까. 어쩜 우리는 이렇게 본능적으로 드러눕게 되는 걸까. 게다가 오랜 시간 우리는 이 행동에 꼬리표 하나를 달아왔다. 눕는 건 '게으른' 일이라고. 이 자유로운 느낌이 게으름이라면 나는 평생 한량이고 세상 태만한 사람이 되고 싶었다. 그리고 나는 그곳에서 짧은 시간, 잠이 들었다. 침대와 이불 위가 아닌 곳에서의 첫 낮잠이었다.

집은 조용해요. 날씨는 아주 화창하고, 아주 덥지요. 낮잠을 자는 시간입니다. 이해하시겠죠?

– 엠마뉘엘 카레르, 《러시아 소설》 중에서

우리는 밤늦게 배에서 벌어지는 일들을 지켜보려고 계속 깨어 있으려고 노력했지만, 동틀 녘부터 일어나 돌아다녔던 탓에 이미 피곤할 대로 피곤했다. 라마딘은 어릴 때 그랬던 것처럼 오후에 낮잠을 자자고 제안했다. 기숙학교에서 우리는 오후마다 억지로 낮잠을 자야했는데, 이제야 우리는 그것이 꽤 유용하다는 사실을 알아차렸다.

– 마이클 온다체, 《고양이 테이블》 중에서

오후 세 시의
시에스타

나는 그 뒤로도 여행을 떠날 때마다 공원이나 숲을 찾게 되었다. 그리고 별을 따라 이동하는 이들과 함께 경계 없이 드러눕는다. 이국에서의 이 행위는 내게 더 이상 낯선 일이 아니다. 짐을 쌀 때도 진드기 방패막으로 조금 두꺼운 담요나 가벼운 돗자리를 챙기는 것을 절대 잊지 않는다.

'시에스타Siesta'는 지중해 연안 국가와 라틴아메리카의 낮잠 풍습을 가리킨다. 한낮에는 무더위 때문에 일에 집중하기 어려워서 낮잠으로 힘을 되찾고 저녁까지 너끈히 일을 하자는 목적에서 시작됐다. 스페인어인 이 말은 본래 라틴어 '여섯 번째 시간Horasexta'에서 기원했다. 보통 한 시부터 세 시까지 이어지는데, 나라마다 차이는 있다고 한다. 나의 시에스타는 대략 세 시. 크

고 작은 들판이나 잔디밭, 나무 그늘 아래에 자리를 잡고 대 자로 누우면 오래 지나지 않아 잠이 곤히 온다. 한번은 니스의 파란 바닷가에서 커다란 남성용 우산을 들고 잠에 빠진 적도 있었다.

누군가 그랬다. 집 밖을 나서면 온통 자연이라고. 대도시에서도 바람으로, 나뭇가지로, 물그림자로 자연을 느낄 수 있다고 했다. 그렇다면 나는 자연을 느끼는 방식으로 낮잠을 말하고 싶다. 너른 땅을 찾아 나의 한 켠을 만들어 잠에 드는 것. 숨이 느려지고 온몸이 이완되는 경험을 하는 것. 자연을 품에 감싼 낮잠이다. 우리에게 필요한 것은, 자연을 품에 둔 시에스타다.

처음 며칠 동안 격앙되었던 감정들은 지금 조금씩 무디어져가고 있다. 울컥하면서 명치를 치받던 느낌은 슬픔이나 억울함 같은 구체적인 것이 아니었고 마치 피부의 감촉 같은 것이었다. 무감동하게 바짝 마른 황야의 돌처럼 굳어 있던 마음속으로 촉촉한 물기가 번져오는 느낌이었다. 여름날 석양녘에 낮잠을 자고 깨어난 것과도 같이 사람들이든 산과 들의 풍경이든 너무도 선명하고 새롭고 뚜렷해서 낯설게 보이기까지 했다.

– 황석영, 《오래된 정원》 중에서

만석은 거실에서 낮잠을 자고 있었다. 러닝셔츠는 만세를 부르듯 배 위로 번쩍 올라가 있었고, 이것이 다 인덕으로 다져진 거라고 믿고 싶은 배는 오 인분 밥사발처럼 볼록 엎어져 있었다. 똥배가 오르내리는 박자에 맞춰서 콧구멍이 날개처럼 벌어졌다.

– 김영리, 《시간을 담는 여자》 중에서

Boonco

"HONEST"
PASTE

MYRRH
PROPOLIS

몰약, 프로폴리스

[유효성분] 침강탄산칼슘 [기타첨가제]
l-멘톨, 감초엑스, 글리세린, 녹차추출물,
몰약, 세이지엑스, 셀룰로오스검, 스피아트
오일, 알로에추출물, 유칼립투스오일, 아선
규스 자몽종자추출물, 자일리톨, 편백정정
제수, 카렌듈라엑스, 캐모마일추출물, 크크일,
글루타민산나트륨, 페파민트오일, 프로폴
리스추출물, 피로인산나트륨, 효소치신사키미

110g

Boonco

"HONEST"
PASTE KIDS

NATURAL FLAVOR
RASPBERRY

천연 라즈베리 향

60g

지구를 위한
작은 배려

몸에 닿는 착한 브랜드

환경을 위하는 일에 꼭 거창한 다짐이나 행동이
필요한 건 아니다. 매일 쓰는 물건을 조금 더 신
중히 선택하는 것만으로도 충분한 배려가 된다.

에디터 **김건태** 포토그래퍼 **안가람**

분코 BOONCO

치약과 핸드워시 | boonco.co.kr | 070 8885 6008

분코는 어떤 브랜드인가요? 지금까지 가볍게 여겨졌던 생활 속 화학제품을 정직하고 진지한 태도로 대하는 패밀리 홈케어 브랜드예요. **어떤 제품을 만드나요?** 세제 같은 생활 화학용품 제품부터 베이비, 바디, 뷰티 제품까지 패밀리 홈케어 제품을 다뤄요. **다른 브랜드와의 차별점이 있다면요?** 국내 최초로 비건 인증 세제와 치약을 만들었어요. 영국 비건 소사이어티는 인증이 까다롭기로 유명한데요. 동물실험과 동물 원료 사용 금지, 100퍼센트 식물성 원료 사용 및 유전자 변형 농산물 원료를 사용하지 않아야 획득할 수 있죠. **'몸에 닿는 착한 브랜드'로서의 철학이 궁금해요.** '당신의 가족이 얼마나 많은 화학성분에 노출되어 있는지 알고 계신가요?' 물론 천연성분만으로 모든 생활용품을 만들 수는 없어요. 그렇기에 최소한 내가 쓰는 제품의 성분에 대해 충분히 알고 사용해야 한다는 생각으로 모든 성분을 100퍼센트 공개하고 있어요. 저희는 또한 동물실험에 반대하는 비건 제품을 고집해요. 소중한 내 가족, 함께 사는 털복숭이 동물 친구들, 그리고 함께 살아가는 지구를 위한 일이죠. 저희에게 세상에서 가장 손이 잘 닦이는 세제는 사실 그렇게 중요하지 않아요. 그 제품이 우리 가족에게 얼마나 안전하고 이로운지가 더 중요하죠. 느리고 건강하게, 궁극적으로 인간을 위한 제품이 분코가 추구하는 가치예요. **브랜드를 한마디로 정의한다면요?** 분코는 자연으로 항균하는 비건 패밀리 홈케어 브랜드예요.

01 | 어니스트 페이스트 치약 "HONEST" PASTE

용량 110g **가격** 1만 2천원

몰약과 프로폴리스가 함유된 치약으로 불소를 제거해 임산부도 안심하고 사용할 수 있다. 어린이 치약의 경우 혀를 마비시키는 계면활성제를 첨가하지 않아 재료 본연의 과일맛을 느낄 수 있다.

02 | 어니스트 핸드 워시 "HONEST" HAND WASH

용량 400ml **가격** 2만 5천원

코코넛 천연계면활성제를 사용한 손세정제로 천연 항균 효과가 뛰어난 레몬, 티트리 오일 등을 함유해 안티 박테리아 기능이 뛰어나다. 피부 진정 및 회복에 효과적이며, 세정 후에도 부드럽고 매끄러운 것이 특징이다.

러쉬 LUSH

핸드메이드 입욕제 | lush.co.kr | 1544 2357

러쉬는 어떤 브랜드인가요? 자연에서 얻은 신선한 재료와 동물실험을 하지 않은 정직한 재료를 사용하여 모든 제품을 손으로 만드는 코스메틱 브랜드예요. **어떤 제품을 만드나요?** 큰 카테고리로 구분 짓는다면 목욕, 샤워, 바디, 페이스, 헤어, 메이크업, 향수 그리고 스파까지 다양한 제품이 출시되고 있어요. **'몸에 닿는 착한 브랜드'로서의 철학이 궁금해요.** 마치 성경의 십계명처럼 'We Believe'라는 브랜드 지향점이자 철학이 있어요. '신선하고 안전한 원료를 사용하여 효과적인 제품을 만드는 것', '최소한의 포장과 보존제만 사용하고, 모든 제품을 직접 손으로 만드는 것', '동물실험을 하지 않

는 회사와 거래하는 것', '제조자의 얼굴 스티커를 라벨에 붙임으로써 자부심을 가질 수 있다는 것', '세상을 아름다운 향기로 가득 채울 수 있다는 것'을 믿는 거죠. **자연과 환경을 위해 진행한 캠페인을 소개해주세요.** 동물과 자연에 관련한 글로벌 및 로컬 캠페인은 아주 많아요. 비교적 최근에 진행한 캠페인이라면 '세계 해양의 날 맞이 터틀 젤리 밤 출시', '환경보호 실천 동참을 위한 핸드프린팅', '야생동물과 열대우림 보호를 위한 SOS수마트라 캠페인' 등이 있겠네요. **브랜드를 한마디로 정의한다면요?** 러쉬는 사람, 동물, 자연의 아름다운 공생을 꿈꾸는 브랜드라고 생각해요.

01 | 배쓰밤
용량 200g **가격** 섹스밤 1만원, 인터갈락틱 1만 5천원

러쉬의 가장 기본적인 아이템으로 욕조에 풀어 사용한다. 에센셜 오일이 아낌없이 들어간 섹스밤과 페퍼민트의 상쾌함이 더해진 인터갈락틱 모두 베스트 제품. 제품을 잘게 부숴 족욕에도 유용하다.

02 | 버블바
용량 200g **가격** 컴포터 1만 5천원, 브라이트 사이드 1만 5천원

욕조에 따뜻한 물을 세게 틀고, 그 아래 손으로 빻은 버블바를 녹이면서 풍성한 거품을 만들어 사용한다. 물속에서 퍼지는 색감이나 거품의 양이 만족스러운 기분을 선물한다. 색이 다른 두 개의 제품을 섞어 사용해도 좋다.

언드레드 퍼센트 AUNDRED %

세탁수와 세정수 | aundred.kr | 070 8880 6774

언드레드 퍼센트는 어떤 브랜드인가요? 자연 본연의 힘과 능력을 믿고 인위적인 화학성분을 배제한 생활용품을 만들고 있어요. **어떤 제품을 만드나요?** 미네랄 세탁수와 과일·채소 세정수를 만들어요. 저희 제품에 세제와 세정제처럼 '제'가 붙지 않고 '수'가 붙는 이유는, 화학성분이 1퍼센트도 들어가지 않고, 이온화된 물에 식품첨가물로 된 미네랄로만 만들어졌기 때문이에요. 실제로 저희 세탁수와 세정수를 일반 식용수로 희석하면 미네랄수가 되죠. 그런데도 입자 자체가 워낙 작아 세정력은 전혀 떨어지지 않아요. 살균은 말할 것도 없고요. **다른 브랜드와의 차별점이 있다면요?** 인공적으로 첨가되는 성분들을 최대한 줄였어요. 몇 가지 들어가는 미네랄 역시 식품첨가물, 즉 사람이 먹을 수 있는 원료고요(그렇다고 먹지는 마세요). 좋은 건 단순해요. 본질에 가깝죠. 최소한의 성분, 자연 본래의 힘을 빌려 몸에 닿는 잔여물을 줄이고, 자연으로 돌아가도 안전한 제품을 만들죠. **'몸에 닿는 착한 브랜드'로서의 철학이 궁금해요.** 가정에서 과용하던 화학성분, 사용량 등이 우리 가족은 물론 자연까지 해치고 있어요. 우리는 자연과 공생해야 한다는 믿음으로 제품 개발, 디자인, 캠페인 등 모든 부분에서 저희만의 미니멀리즘을 추구해요. 자연과 환경을 위해 진행한 캠페인을 소개해주세요. 소비자들이 알기 어려운 타 제품의 표기사항과 성분을 분석하는 캠페인을 진행하고 있어요. 그 성분들이 우리 가족과 자연에 어떤 영향을 끼치는지 알려드리는 일이죠. **브랜드를 한마디로 정의한다면요?** 언드레드 퍼센트는 자연 고유의 힘을 믿고 빌려, 미니멀리즘 생활용품을 만듭니다. 거기에 위트 있는 가족의 삶을 더합니다.

01 | 언드레드 미네랄 세탁수
용량 750ml **가격** 1만 8천 5백원

식물성 계면활성제조차 넣지 않은 무계면활성제 세탁수로 거품도 향도 나지 않는다. 첨가물이 없어 여러 번 헹굴 필요가 없어 시간을 절약할 수 있으며, 이온화된 강알칼리성 이온수가 자연적인 살균 효과를 갖는다.

02 | 언드레드 미네랄 탈취수
용량 250ml **가격** 1만 1천원

직접 분사해 사용하는 무색, 무취, 무독성의 탈취수로, 산소 음이온계 성분이 오염물질에 접촉하여 산소와 물만으로 분해하는 효과를 보인다. 피부 자극 테스트에서 자극수치 '0'을 받을 정도로 순한 제품이다.

로마 LOMA

샴푸와 트리트먼트, 그리고 오일 | loma.co.kr | 1599 6217

로마는 어떤 브랜드인가요? 1991년에 시작해 미국 전역 4000여 개의 지점에 입점한 브랜드로 유기농 재료만을 사용한 헤어 제품을 만들고 있어요. **어떤 제품을 만드나요?** 샴푸와 컨디셔너 헤어오일, 에센스류, 기타 스타일링 제품을 다루고 있어요. **다른 브랜드와의 차별점이 있다면요?** 모든 제품이 친환경 성분으로 이뤄져 있어요. 특히 유기농 알로에베라 즙을 70퍼센트 이상 사용해 두피와 모발을 효과적으로 진정시켜주며, 타 유기농 제품과

는 다르게 거품이 풍성하게 나고 모발이 뻣뻣해지지 않는다는 장점이 있죠. **'몸에 닿는 착한 브랜드'로서의 철학이 궁금해요.** 모든 사람들이 좋은 성분의 샴푸를 보통의 샴푸처럼 부담 없이 쓰게 하는 것이 저희의 목표예요. **브랜드를 한마디로 정의한다면요?** 이렇게 표현하고 싶어요. 샴푸나 헤어 케어 제품이 아니라, 그저 '로마'라고요.

01 | 너리싱 샴푸
용량 355ml 가격 4만 3천원

로마의 제품 군 중 베스트셀러 제품으로, 화학계 면활성제, 글루텐, 파라벤 등이 첨가되지 않은 성분이 순한 샴푸다. 파마와 염색으로 인해 극손상된 모발에 사용하면 좋다.

02 | 너리싱 컨디셔너
용량 355ml 가격 4만 6천원

너리싱 샴푸와 마찬가지로 럭셔리한 라인의 컨디셔너다. 두피와 모발을 동시에 케어할 수 있도록 영양에 신경 쓴 제품이다.

02 | 너리싱 오일 트리트먼트
용량 125ml 가격 6만 9천원

모발이 뭉치지 않고 부드러워지는 오일이다. 드라이나 고데기 전 젖은 머리에 듬뿍 바르면 열로부터 100퍼센트 모발을 보호 해준다. 자외선 차단 효과도 있어 머리색을 보호해주며, 곱슬머리에 도포 시 모발이 진정되는 효과를 낸다.

닥터 브로너스 DR. BRONNER'S

액체비누와 고체비누 | drbronnerskorea.com | 02 2226 6110

닥터 브로너스는 어떤 브랜드인가요? 1858년 독일의 비누 마스터 장인 가문의 후계자였던 엠마뉴엘 브로너가 미국으로 이주하여 설립한 유기농 라이프 스타일 전문 기업이에요. **어떤 제품을 만드나요?** 유기농 액체비누와 고체비누, 립밤, 바디로션, 스킨 등을 만들어요. 미국의 USDA Organic 인증을 받은 원료를 사용한 제품으로, 영유아부터 성인까지 남녀노소 모두 쓸 수 있으며, 취향과 피부 타입에 따라 선택할 수 있도록 12가지의 다양한 자연의 향이 있어요. **다른 브랜드와의 차별점이 있다면요?** '지구와 사람의 공존과 화합'을 경영 목표로, 모든 제품은 '유기농, 공정거래, 동물복지, 햄프 씨드 오일 사용, 유전자 조작 원료 무사용'이라는 5대 원칙에 따라 만들어요. 모든 제품은 100퍼센트 자연에서 분해되며, 합성화학성분과 합성보존제를 사용하지 않죠. **'몸에 닿는 착한 브랜드'로서의 철학이 궁금해요.** 닥터 브로너스는 모두가 함께하는 세상, 'ALL-ONE'을 꿈꿔요. 사회와 환경에 대한 책임을 다하는 최상의 제품을 생산하고, 수익 기부를 통해 더 나은 세상을 만드는 데 기여하려 해요. 또한 비건 브랜드로서 동물실험에 반대하며, PCR 플라스틱(재활용한 플라스틱) 사용을 통해 지구 환경 보호에 앞장서고 있어요. **브랜드를 한마디로 정의한다면요?** 닥터 브로너스는 '나와 지구를 생각하는 ALL-ONE'이다.

01 | 퓨어 캐스틸 솝
용량 240ml **가격** 1만 2천 5백원

세안과 바디워시를 한 번에 해결하는 올인원 클렌저로 일명 '매직 솝'으로 불린다. 합성계면 활성제와 인공향, 파라벤 등을 일절 배제하고 유기농 오일을 블렌딩한 제품으로 모공 속 불순물과 피지를 제거한다. 뽀드득하지만 건조하지 않은 마무리감이 특징이다.

02 | 퓨어 캐스틸 슈가솝
용량 360ml **가격** 2만원

슈가의 스크럽 작용으로 우수한 세정력을 보이는 제품이다. 시카카이 파우더 성분이 두피 각질 개선과 모발의 탄력에 탁월한 효과를 보인다. 특히 하늘색의 제품은 저자극·무향으로 영유아부터 민감성 피부에도 안심하고 사용할 수 있다.

03 | 퓨어 캐스틸 바 솝
용량 140g **가격** 8천원

고체 형태의 비누로 클래식한 느낌을 준다. 올리브 오일과 코코넛 오일의 풍부한 거품이 모공 속 피지와 노폐물을 제거하며, 쉽게 무르지 않는 특징을 갖는다. 거품을 충분히 낸 뒤 피부에 1분 정도 얹어주면 각질 정돈의 효과를 볼 수 있다.

보태니컬 코스메틱 브랜드 숲속의 상점 "띠아느"

띠아느는 깊은 숲속의 상점, 식물과 대화하는 대리인, 식물에 대한 호기심과 애정이 담긴
대화록 그리고 깊은 숲속의 띠아느 상점으로의 비밀스러운 초대라는 스토리텔링
기반으로 시작된 브랜드이며 '시간 속의 그늘을 만들어주는 숲속의 상점'라는 브랜드
메시지를 기반으로 자연의 시간과 식물의 에너지가 담긴 코스메틱을 선물하고 있습니다.

낯선 계절들

I AM NOT A PHOTOGRAPHER

어느 숲에서 찍은 필름을 발견했다. 찍힌 것을 불빛에
비춰 보며 '나는 왜 사진을 찍을까.'라는 질문을 던져봤다.

글·사진 박선아

계절이 만드는
리듬이 있다는 걸

계절에 맞게 살아왔다. 봄, 여름, 가을 그리고 겨울이 만드는 리듬 같은 것을 타고 여기까지 흘러온 거다. 이 사실을 최근에 알아차렸다. 누군가는 당연히 알고 있었을까. 나는 의식해본 적이 없다. 적어도 올해가 오기 전까지는 그랬다. 계절이 오는 일은 의심할 필요가 없는 일이었다. 해마다 적절한 때에 비슷하게 와줬고, 너무도 당연해서 애써 설명하지 않았다. "벚꽃이 피었네.", "이번 여름휴가는 어디로 가요?" 무리하지 않는 문장들로 계절이 오는 일을 이야기할 수 있었다. 눈에 보이지 않는 먼지로 두

통이 오거나, 겪어본 적 없는 더위에 집 밖을 나설 용기가 나지 않는 상황을 지나보니 알게 되었다. 이 시간들이 매번 눈치채지 못할 정도로 자연스럽게 와줬고, 그에 맞춰 살아오며 생긴 안정이 있었다는 걸.
물질이나 인간관계 같은 것만이 한 사람의 삶을 돕는 것이 아녔다. 계절에 길들여져 사는 일이 얼마나 큰 위로와 평온을 주는지, 내가 알고 있는 한 계절이 낯설 때 오는 불안이 어떻게 일상을 뒤흔드는지, 예전에는 미처 몰랐다.

숲에 머무르던 날의
필름을 보며

무더운 여름날이었다. 밖에 나갈 엄두가 나지 않아 집에서 미뤄두던 필름을 정리하기로 했다. 창고에서 필름 박스를 꺼냈다. 400롤이 넘는 필름이 들어 있었다. 방바닥에 필름을 늘어놓고 한 롤씩 전등에 비춰 내용을 확인했다. 시간순으로 늘어놓고, 네임펜으로 봉투에 장소나 함께한 사람 등을 써넣고, 다 적은 뒤에는 순서대로 파일에 끼워 넣었다.

10여 년간 찍은 사진을 한 번에 정리하는 일은 생각보다 쉽지 않았다. 몇 번 반복하다 보니 땀이 흘렀다. 더위 속에서 단순한 일을 반복하며 땀을 흘리고 있으니 별 생각이 들었다. '아무래도 지구가 아픈 거겠지. 이러다 내일 아침에 갑자기 폭발하면 어쩌지. 어느 영화처럼 창문으로 물이 들이닥치고, 지진이 나서 땅이 갈라지고, 인간의 힘으로는 막을 수 없는 자연의 어지러움이 이 땅을 휘저으면 어떻게 해야 할까.' 할 수 있는 게 아무것도 없을 것 같았다. 필름이나 스캔 파일을 저장해둔 외장하드 같은 것도 다 사라질 것이다. 사진을 너무 믿고 있었나. 그것들이 추억을 대신해주거나 기억할 자리를 마련해준다고 여겼는데, 쉽게 없어질 수도 있는 필름 조각이나 파일 하나에 지나지 않을 거란 상상에 허무해졌다. 이런 것들이 어느 날 다 사라져버리고 영영 볼 수 없게 된다면 사진을 찍는 일에는 어떤 의미가 있을까.

그런 생각을 하며 한 필름을 빛에 비췄다. 나무의 잔가지가 보였다. 여기가 어디지, 싶었는데 옆의 것들을 보다 보니 친구들과 갔던 숲이라는 걸 알 수 있었다. 그 사진 주변에서 있었던 일들이 떠올랐다. 텐트를 치고 산속에서 하룻밤 잔 날이었고, 뱅쇼 한 잔을 손에 들고 친구와 산책을 나섰다. 천천히 걷다가 잔가지들이 부딪히며 내는 소리가 들려 잠시 멈췄다. 소리가 나는 쪽을 보니 여러 나무가 겹쳐 흔들리고 있었다. 그걸 보고 있다가 다시 앞을 보니 어느 틈에 같이 걷던 친구가 작아져 있었다. 보이지 않는 곳에서 친구들 무리의 웃음소리가 들렸고, 손에 들고 있는 컵은 아직 따뜻했다. 작아졌던 친구가 내 쪽을 향해 돌아 걸어오는 모습이 보였다. 컵을 바닥에 두고 주머니에서 카메라를 꺼내 셔터를 눌렀다.

사진을
왜 찍는 걸까

이런 식으로 10년 그리고 또 10년, 찍다 보면 적잖은 양의 필름이 쌓일 거다. 소중함과 동시에 짐스럽게 느껴진다. 필름을 정리하며 발견한 사진에 반갑기도 했지만 충분히 지칠 만한 양이었다. 누군가 사진을 찍는 이유를 물어오면 추억이나 기억 같은 단어를 떠올렸다. 특별히 답을 하진 않았지만, 그렇게 생각하면 마음이 편해졌다. 만약 사진이 기억이나 추억을 위한 흔적이라면 그건 너무 미래에 있다. 기록이나 타인에게 전시하기 위함이라는 이유도 마찬가지고, 목적을 갖고 돈을 받는 일도 말할 것도 없다. 사진은 미래를 위한 걸까. 그런 이유로 카메라 앞에 기다리고 있는 풍경이나 사람, 사진을 찍는 '지금'을 먼 훗날로 미리 보내버린 것은 일종의 게으름이 아니었나, 하는 생각이 든다.

요즘은 기억하고 싶은 순간에 셔터를 누르는 동작을 생략해보고 있다.

양손의 엄지와 검지로 네모난 프레임을 만들어 사진 찍는 시늉을 하는 것처럼, 보이지 않는 프레임을 눈앞에 두고 그저 보기만 한다. 뭔가를 보고 카메라를 꺼내 사진을 찍는 시간 정도를 아무것도 하지 않고 보기만 하는 거다. 필름뿐만 아니라 휴대폰 카메라도 마찬가지다. 무작위로 욕심껏 틀어대는 에어컨이나 일회용 컵들이나 여기저기서 찰칵거리는 휴대폰 카메라의 소리가 크게 다르지 않을 것 같기도 하다. 어떤 면이 닮아 있다. 버려지는 컵이나 실외기 밖으로 나오는 뜨거운 바람을 닮은 것들을 내 오랜 필름에서 보았던 것 같다. 셔터를 누르는 일을 생략함은 에어컨을 끄거나 텀블러를 들고 다니는 차원의 절약이나 보호는 아닐 것이다. 다만, 계절이 낯설어지거나 필름을 정리하며 느끼던 불안을 줄여보고 싶은 바람에 가깝다.

겨울을 기다리며
다시 한번 떠올려보는

여름밤을 좋아하지만 이번 여름에는 '아, 역시 여름밤이 좋다.' 하고 느낀 날이 몇 없다. 눅눅한 공기 아래로 바람이 부는 밤, 그 틈으로 이리저리 걷는 일은 얼마나 소중했던 걸까. 당연한 줄 알았던 것들이 사라질지도 모른다는 생각에, 알던 일들이 귀하게 느껴진다. 얼마 전, 신문에서 이번 겨울에 전에 없던 한파가 온다는 기사를 읽었다. 가을에서 겨울로 넘어갈 때, 변하는 공기의 냄새나 코트 깃을 잡고 거리를 거닐 때의 경쾌함 같은

것을 느낄 수 있는 날이 드물 수도 있을 거다. 내가 알던 그 겨울은 이제 몇 달 중에 단 며칠에 지나지 않겠지. 이번 봄의 오후가 그랬고, 여름밤이 그랬던 것처럼. 불안을 막을 수 없어 내가 할 수 있는 일을 두리번거린다. 그러다 보면 자꾸만 막막해져서 불빛에 비춰 본 필름에 있는 나뭇가지를 다시 한번 떠올려본다.

"사진을 왜 찍는 거예요?"
"무언가를 바꿀 수 있는 유일한 방법은 모든 것을 아주 천천히 다시 쳐다보는 겁니다."
                                          – 영화 〈클레어의 카메라〉 중에서

디지털 노마드는 어디로 갔는가

방콕과 루앙프라방

일하는 사람은 한 번쯤 디지털 노마드Digital Nomad를 꿈꾼다. 창 너머로 보이는 울창한 숲, 귀에 거슬리지 않는 백색소음, 언제든 밖으로 나가 산과 바다를 즐길 수 있는 그런 곳에서의 '일'. 어차피 해야 하는 일이라면, 외부와 연락을 단절하고 여관에 장기 투숙하며 각본을 썼다는 영화감독 오즈 야스지로가 된 것 같은 기분을 만끽해도 좋지 않은가. 노트북과 카메라, 두 권의 산문집, 그리고 수영복을 챙겨 태국 방콕과 라오스 루앙프라방으로 떠났다. 그래서 디지털 노마드는 가능한가? 나의 대답은 다음과 같다.

에디터·포토그래퍼 김혜원   취재 협조 아바니 호텔&리조트 AVANI Hotels&Resorts

아바니 리버사이드 방콕 호텔 **AVANI Riverside Bangkok Hotel**
H. minorhotels.com/en/avani/riverside-bangkok

아바니플러스 루앙프라방 **AVANI+ Luang Prabang**
H. minorhotels.com/en/avani/luang-prabang

아바니 호텔&리조트 **AVANI Hotels&Resorts**
아바니 호텔&리조트는 현대적인 스타일과 편안함을 제공하는 글로벌 호텔 브
랜드다. 스타일리시한 디자인과 여행자들의 니즈에 부합하는 시설과 서비스를
제공한다. 현재 태국, 스리랑카, 베트남, 말레이시아, 세이셸, 모잠비크, 보츠와
나, 나미비아, 잠비아, 아랍 에미리트, 포르투갈에 23개의 호텔을 보유하고 있
으며, 향후 호주, 아시아, 인도양, 중동에도 오픈 예정이다.
H. minorhotels.com/en/avani

일과 함께
떠났다

디지털 노마드는 어딘가에 머물며 디지털 기기를 이용해 시공간에 제약 없이 일하는 방식 혹은 그런 사람들을 말한다. 1995년
프랑스의 경제학자 자크 아탈리가 처음 썼으니, 벌써 20년도 더 된 오래된 단어다. 그러나 대부분은 경험해보지 못한 말이다. 나
도 그랬다. 우리의 주제가 '자연'으로 정해지기 전까지 말이다. 나는 디지털 노마드를 선언했다. "이번 마감은 자연 속에서 하겠
습니다. 제게 시간을 주십시오!"
그리하여 내가 찾은 도시는 태국 방콕과 라오스 루앙프라방이다. 한국과 시차가 크게 나지 않아 업무와 관련된 연락을 수월하게
할 수 있고, 물가가 저렴하며, 무엇보다 아름다운 자연환경이 있는 것. 이 모든 것을 충족하는 도시였다(두 도시 모두 한국보다 2시
간 느리다). 직항이 없는 루앙프라방은 방콕이나 베트남 하노이를 경유해 들어가야 하기 때문에 먼저 방콕에서 시간을 보낸 뒤 루
앙프라방으로 이동했다. 호기롭게 디지털 노마드를 선언한 것과 달리 준비 과정이 수월했던 것은 아니다. 단 일주일 동안 서울을
벗어나기 위해 해야 할 것이 왜 그렇게도 많은지. 어쨌든 나는 풀지 않은 3건의 인터뷰 녹취 파일, 마감하지 않은 4개의 원고 파
일과 함께 시한부 디지털 노마드가 되었다.

방콕에서 맞은
첫 번째 아침

방콕에 온 지 이틀째. 새벽 6시, 더 팬트리The Pantry에서 꺼내 온 바나나와 뮤즐리, 치아시드가 뒤섞인 요거트를 퍼 먹으며 다음 날, 그러니까 아침까지 보내야 하는 원고를 썼다. 비행에 지쳐 곯아떨어진 몸이 마감이라는 알람에는 반응한 덕분이다. 적당한 당분과 창밖으로 보이는 강, 그리고 강 너머로 해가 뜨는 모습에 상쾌한 기분이 들었다.

사실 일과 여행을 함께 생각하며, 나는 직접 요리를 하거나 빨래를 하고 싶진 않았다. 적당한 자연 안에서 충분히 편안한 시간을 보낼 수 있길 바랐다. 그래서 아바니 리버사이드 방콕 호텔이었다. 이곳은 차오프라야강을 조망하기 위해 만들어진 호텔이다. 모든 객실에서 강이 내려다보인다. 높은 빌딩보다는 낮은 집들 사이에 있는, 강가의 호텔이라는 게 마음에 들었다(셔틀 보트를 타면 밤마다 현란한 불빛을 뽐내는 아시아티크Asiatique 야시장에도 쉽게 갈 수 있다). 게다가 시시때때로 당분이 필요한 마감 노동자에게 더 없이 좋은 팬트리가 있었다. 아바니클럽AVANICLUB은 11층 로비에 있는 라운지다. 샌드위치, 샐러드, 과일 주스 등 허기를 달랠 수 있는 것들로 채워진 팬트리를 24시간 동안 운영한다. 방에 돌아가기 전, 팬트리에 들러 새벽의 양식을 저장했다.

방콕에서는 두 번의 밤을 보냈다. 방이 익숙해졌을 땐 아바니클럽 라운지의 둥근 의자에 앉아 커피를 마시며 일을 이어나갔다. 글이 막히면 루프탑에 있는 수영장에서 잠수를 했다. 물 밖으로 얼굴만 내밀고 아무 생각 없이 탁 트인 시야 너머로 시선을 던졌다. 매일매일 처리해야 하는 일과 호사스러운 휴식의 시간, 나는 그 경계에 있었다.

루앙프라방에
대체 뭐가 있냐면

라오스 루앙프라방에 간다는 나에게 "왜 하필 라오스 같은 곳에 가시죠?" 하고 묻는 사람은 없었다(참고로 이것은 일본의 소설가 무라카미 하루키가 하노이에서 받은 질문이다). 아마 4년 전 방영한 〈꽃보다 청춘〉 덕분일 테다. 포털사이트에 루앙프라방을 검색하면, 이런 수식어가 붙은 책들이 나타난다. '시간이 머무는 곳', '일상의 쉼표', '잃어버린 시간을 만나다' 등등. 내가 말하고 싶은 것은, 이곳에서 모두 다른 시간을 보내겠지만 그 농도는 비슷하게 진하다는 것이다. 오래도록 선명하게 기억될 만큼. 나에게도 선명해질 기억이 있다. 열린 문틈으로 들어오는 햇살을 받으며 침대에 누워 책을 읽었을 때, 밤 11시에 녹음이 푸른 중정의 수영장 안에서 밤하늘을 올려다봤을 때. 그때의 모습과 공기, 그리고 혼자 한 다짐들이 그 시간에 진하게 묻어 있다.

이 도시의 풍경과 거리에서 만난 사람들이 나에게 얼마나 큰 감동을 줬는지 온종일 이야기할 수 있지만, 사실 별다른 것을 하지 않아도(바꿔 말하면 방에서 일만 해도) 루앙프라방에서 보내는 시간은 이상하게 만족스러웠다. 많은 것들이 내가 잠을 자고, 먹고, 일하는 곳에서 충족되었기 때문일지도 모르겠다. 호텔의 문을 열고 들어서는 순간, 나는 바로 이곳이 좋아졌으니까.

프랑스의 보호령으로 식민지배를 받을 당시 군용으로 지어진 방갈로를 개조한 호텔. 아바니플러스 루앙프라방은 올 3월에 오픈한 전 세계 첫 아바니플러스다. 목제 가구와 리넨을 멋지게 사용한 브라운 톤의 객실 내부는 뜨거운 여름 도시를 사랑하던, 내가 동경하는 작가들의 서재를 떠올리게 했다. 이곳의 농부들이 생산한 식자재로 만든 잼과 치즈, 달걀 등은 페스코 베지테리언(육류는 먹지 않고 생선과 유제품은 먹는다)인 나의 매 끼니를 기쁘게 채워줬다. 프랑스의 영향을 받은 빵 또한 기억날 테다. 기분 좋은 설렘에 일에 집중할 수 없는 때가 많았다는 게 단점이라면 단점일까.

아바니플러스 루앙프라방은 루앙프라방의 중심에 위치해 있다. 저녁 4시부터 열리는 야시장, 메콩강, 왕궁 박물관 등 루앙프라방에서 봐야 하는 곳 모두 걸어서 갈 수 있고, 호텔에서 자전거를 빌리면 더 쉽게 더 멀리 갈 수 있다. 아, 그래서 루앙프라방에 대체 뭐가 있냐고? 특별한 건 없다. 풍경과 사람. 그저 루앙프라방이라는 사실이 가장 중요하다.

그곳이 어디든
마감은 있으니까

인천에서 방콕행 비행기에 올라타기 전, 우연히 SNS에서 한 문장을 읽었다. "고통은 수시로 사람들이 사는 장소와 연관되고, 그래서 그들은 여행의 필요성을 느끼는데, 그것은 행복을 찾기 위해서가 아니라 자신들의 슬픔을 몽땅 흡수한 것처럼 보이는 물건들로부터 달아나기 위해서다." 데이비드 실즈가 《문학은 어떻게 내 삶을 구했는가》에 쓴 문장이었다. 그때 나는 앞으로 다가올 시간을 짐작했던 것 같다. 일과 분리되지 않는 나의 일상처럼, 일과 여행을 분리할 순 없겠지만, 출근길의 만원 지하철, 사무실의 무거운 공기, 매일매일 무얼 해야만 한다는 강박에서 달아날 수 있을 거라고, 그러기 위해 나는 지금 비행기를 기다리는 거라고 말이다.

전날 내린 비로 색이 짙어진 차오프라야강을 내려다보며, 나뭇잎이 떠다니는 루앙프라방의 푸른 수영장을 바라보며, 나는 거의 매일 밤 조금씩 원고를 썼다. (이어 소개하겠지만, 방콕과 루앙프라방을 눈앞에 두고 나가지 않을 수 없다. 낮에는 그곳의 자연을 최대한 누리는 게 디지털 노마드의 본분이라고 생각했기에, 밤마다 노트북을 켤 수밖에 없었다.) 그런데도 자꾸 좋다는 말을 되뇌었다. 일에서 해방되진 못했지만, 익숙한 공간에서 벗어났다는 사실이 정말로 나를 다시 활기차게 했다.

이 글을 마지막으로 나의 짧았던 디지털 노마드 여행은 끝이 난다. 아마, 나는 다시 비행기를 기다릴 것이다. 비행기 목적지가 방콕 혹은 루앙프라방이면 더없이 좋겠다.

밖으로 나갔다
이 풍경도 놓칠 수 없기에

왕궁과 에멜랄드 사원
The Grand Palace and The Temple of The Emerald Buddha

높이 솟은 금빛 궁전들과 반짝이는 유리로 장식된 사원들이 미로처럼 엉켜 있다. 이국적인 정취로 가득한 이곳은 라마 1세부터 역대 국왕들이 살던 왕궁이다. 왕궁 안에 있는 사원 왓 프라깨우는 에메랄드 사원The Temple of The Emerald Buddha으로 불리기도 하는데, 태국 최고의 왕궁 사원이니 한 번은 꼭 방문할 것.

A. Na Phra Lan Road, Grand Palace, Phranakorn, Bangkok 10200, Thailand
H. royalgrandpalace.th/en/home
O. 매일 08:30~15:30

퀸 시리킷 뮤지엄 오브 텍스타일
Queen Sirikit Museum of Textiles (QSMT)

왕궁 안에 있는 뮤지엄이다. 시리킷 여왕이 입던 옷(예를 들면 다른 나라를 방문할 때 입은 투피스나 드레스, 함께 착용한 구두와 모자 등)을 전시하며, 프랑스의 디자이너 피에르 발맹이 여왕을 위해 만든 섬세하고 아름다운 드레스도 볼 수 있다. 1층의 숍에서는 셔츠, 액자, 우산, 열쇠고리 등의 기념품을 판매한다.

A. Ratsadakorn-Bhibhathana Building, The Grand Palace, Bangkok 10200, Thailand
H. qsmtthailand.org
O. 매일 09:00~16:30 (마지막 입장 15:30)

왕궁 박물관
Royal Palace Museum

라오스의 역사와 문화에 대해 알고 싶다면 이곳이다. 루앙프라방은 옛 라오스의 수도로, 이 왕궁은 라오스가 프랑스의 지배를 받던 1904년에 지어졌다. 라오스가 공산화된 이후 마지막 왕족이 추방되기 전까지 왕궁으로 사용됐다. 1975년 박물관으로 전환되었고, 왕족이 사용한 물품이 전시되어 있다.

A. Haw kham, Luang Prabang 0600, Laos
T. +856 71 212 068
O. 08:00~11:30, 13:30~16:00 (화요일 휴관)

메콩 킹덤 럭셔리 크루즈
Mekong Kingdoms Luxury Cruises

해질 무렵 흙빛 메콩강을 따라 유람선을 타는 일은 생각보다 훨씬 더 낭만적이고 감동적이다. 메콩 킹덤은 다섯 가지 스타일의 유람선을 운행하고 있는데, 내가 탄 것은 몬순Monsoon이라는 이름의 유람선이다. 팍 우 동굴로 향하는 셔틀 보트로, 가는 동안 카나페, 커피, 차, 소프트드링크 등이 제공된다.

A. Setthathirath Road, Hua Xieng Village, Luang Prabang 06000, Laos
H. mekongkingdoms.com
T. +856 0 7125 5001

반딧불이의 목소리

마니와시의 여름 노래

'마나와시'는 오카야마현 북·중부에 위치한 소도시다. 예스러우면서도 단정하고 고요한 분위기의 이곳은 여름밤이 되면 반짝반짝 빛을 발한다. 작은 반딧불이들이 어둠이 내려앉은 숲과 하늘 사이를 누비면서 은은한 노란빛을 내뿜기 때문이다. 말간 강줄기와 신선한 편백나무 숲, 동물들이 여유롭게 노니는 목장과 사람들이 맞닿은 마을들. 지난여름, 나는 마니와시의 노랫소리를 가까이서 들었다. 청량하고 맑은, 여름 색을 띤 목소리였다.

에디터·포토그래퍼 이자연   취재 협조 일본정부관광국 JNTO

간직하고 싶은
곳

마니와시를 떠올릴 때 가장 먼저 생각나는 단어를 꼽자면 아마 '간직'일 것이다. 소중한 것을 계속해서 곱씹고 기억하고 지켜내기 위한 모습을 볼 수 있기 때문이다. 실제로 '가쓰야마 보존지구勝山町並み保存地区'는 일본이 가장 부흥했던 에도 시대의 번화한 옛 상가 거리를 현대적으로 재탄생시킨 곳이다. 정치가와 무사들이 살던 곳을 지금은 사무실, 가정집, 카페 등으로 탈바꿈시켰고, 2009년에는 '아름다운 거리'로 꼽히기도 했다.

전통 가옥의 형태를 그대로 유지한 골목 뒤편으로는 커다란 산맥이 보이는데, 자연과 조화롭게 어우러진 거리가 마음을 한껏 편안하게 만든다. 가쓰야마 보존지구에서 특별하게 접할 수 있는 것은 바로 가게 현관마다 걸려 있는 '노렌暖簾'이다. 노렌은 상점의 출입구에 내걸어 놓은 천을 말한다. 공간 내부를 쉽게 들여다볼 수 없게 하는 장치이면서, 가게가 영업 중이라는 표시를 톡톡히 해내고 있다. 각각 가게의 성격과 분위기를 그대로 드러내는 노렌을 보고 있으면 어쩐지 이곳 사람들의 평범하고 온화한 일상을 상상하게 된다.

오르막 계단을 올랐다 내렸다, 골목 사이를 오른쪽으로 돌았다 직진했다 하면 금세 다 둘러볼 수 있을 정도로 규모가 큰 곳은 아니다. 그래서 좋다. 자전거를 타고 거리를 흘러가는 사람들과 눈인사를 나누고, 과일 가게의 가판대를 더 오래 구경하고, 구름이 산머리에 닿기를 기다리면서 오랜 시간을 천천히 보낼 수 있기 때문이다. 무엇보다 사람이 붐비지 않아 한적함을 오롯이 누릴 수 있고, 소도시만의 평화를 쉬이 찾을 수 있다. 거리를 가로지르는 다리를 오르면 이곳을 둥글게 에워싼 강줄기를 만난다. 삼삼오오 모여 있는 집들을 보면서, 자기만의 방식으로 가쓰야마 거리를 간직하는 사람들을 생각했다.

우리는
사랑을 불렀다

마니와시의 호쿠보北房 호타루ほたる 마을에는 비밀이 하나 있다. 미풍이 부는 6월, 어스름한 저녁이 되면 반딧불이들이 모여드는 것이다. 그렇게 마을은 이 시기에 맞춰 반딧불 축제를 열기 시작했다. 반딧불이를 가까이서 볼 수 있는 공원으로 향하는 동안, 어느새 땅거미가 지고 있었다. 노을로 물든 하늘은 금세 검붉은 색깔로 변했다가, 보랏빛을 띠었다가 하면서 어두워졌다. 마을은 조용히 내려앉은 어둠을 있는 그대로 다 받아들였다. 칠흑같이 새까만 밤이 낯설고 두려웠다. 새삼스럽기도 하지. 밤은 원래 까맣다.

커다란 카메라를 들고 온 사람들, 아이들의 삐죽이는 목소리가 들려오는 가족들, 전통 의상을 입고 온 친구들. 다양한 사람들이 이 공원으로 모여들었다. 반딧불이가 그렇게 쉽게 보일 리 없다는 이야기를 누구 이 들어서, 반신반의하는 마음으로, 그러니까 사실은 포기하는 마음으로 그곳에 있었다. 그리고 저 멀리서부터 찌르릉거리는 풀벌레 소리와 함께 반딧불이가 잔뜩 모여들기 시작했다. 반딧불이들은 나름의 간격을 유지하며 은은한 불빛을 내보였다. 반딧불이 무리의 등장이 퍽 갑작스러워 깜짝 놀란 나는 옆에 있는 동행자를 끌어안았다. 그 친구도 경외감 때문인지 두려움 때문인지 나를 바짝 안았다. 우리는 그날 처음 본 사이였지만.

사람들은 조심스레 감탄했다. 큰 소리를 내면 사라질 것만 같아서 숨죽여 아름다움을 목도했다. 반딧불이와 인간. 우리는 최소한의 거리를 두고 있었다. 어떤 이들은 다리 위에서 노래를 불렀고, 노랫말을 알아들을 수 없어도 필시 그 순간의 다정이란 걸 알았다. 정말이지, 사랑이 넘치는 밤이었다.

나도 카메라로 반딧불이를 찍어보려고 했다. 하지만 카메라는 내 눈과 달리 반딧불이를 인식하지 못했다. 이렇게 아름다운 게 눈앞에 있는데, 꼭 세상에 없는 것처럼 알아차리지 못하니 기분이 어쩐지 이상했다. 자연의 이름으로 인간에게 주어졌던 숱한 기쁨들이 얼마나 많이 인지되지 못한 채 흘러 사라졌을까. 어떤 것이 살아 있다는 사실 자체로 나를 이토록 기쁘게 하다니, 숭고한 경험이다. 산등성이를 경계로 하늘에도 땅에도 잔뜩 별이 흩뿌려져 있었다. 그날 밤, 우리는 모두 사랑을 불렀다.

나의 반딧불이 촬영은 결국 실패했지만, 도시의 네온사인과 야근하는 회사들의 불빛만
보다가 어둠 속 손톱만 한 불빛에 오감을 집중한 것은 무척 귀중한 경험이었다.

물은
정리한다

몸을 닦는 일은 인간 생활의 처음과 끝을 도맡고 있다. 갓 태어난 아기나 생을 다한 사람 모두 정갈하게 몸을 닦는다. 생애가 아닌 하루를 보아도 그렇다. 아침에 일어나서 그리고 자기 전, 우리는 물로 향한다. 하나의 의식처럼 느껴지기도 한다. 시작과 끝을 맞추는 새로운 의식.

'유바라 온천湯原温泉'은 일본에 있는 100개 이상의 온천 중에서 서일본 지역 최고를 나타내는 '천하장사 등급'을 받은 온천이다. 또 부근에는 등 뒤로 오카야마 최대 규모의 댐을 두고 자연과 한껏 가까워질 수 있는 '스나유砂湯 노천 온천'도 있어 함께 이용할 수 있다. 스나유 노천 온천은 남녀 함께 즐기는 혼욕탕이어서 들어가기 전에는 용기가 조금 필요하다.

온천으로 온몸을 달군 뒤에는 한 잔의 술이 그리워진다. 조금 벌게진 얼굴을 맛 좋은 술로 달래줄 차례이기 때문이다. 오카야마는 일조량이 워낙 높아 벼가 잘 자라는데, 이곳에서 나고 자란 곡식을 이용하여 술을 빚는다. 오카야마의 유명한 전통주와 맛있는 음식을 함께하며 나른하고 노곤한 저녁을 보내면 좋겠다. 기쿠노유 료칸에서는 온천을 마친 뒤 가벼운 몸으로 푸짐한 한 상 차림을 즐길 수 있다. 그러고 나서 방으로 들어가면 두꺼운 이불이 돌돌 말린, 깨끗한 이부자리가 나를 기다린다.

자연과 한껏 가까운 온천에서는 오로지 물로 많은 것을 정리할 수 있다. 일상의 걱정과 고민을 덜고, 내일로 나아갈 힘을 얻는 것이다. 잘 먹고, 잘 자는 일. 그거면 충분하다. 오랜 시간 켜켜이 쌓아둔 염려의 더께를 이제 물과 함께 밖으로 내보낼 시간이다.

걸어도
걸어도

자연과 가까운 생활을 하다 보면 나도 모르게 사람이 슬쩍 그리워진다. 사람이 가득한 대도시가 싫어져서 한적하고 고요한 소도시로 향했는데, 사람이 다시 그리운 건 신기한 노릇이다. '구라시키 미관지구倉敷美観地区'는 오카야마 남부, 구라시키에 위치한 미관지구다. 맑은 운하와 회벽, 그리고 검은 기와지붕으로 지어진 건물들이 소담한 풍경을 만들고 있다. 에도 시대부터 사람들은 이 운하를 따라 물자를 운송하곤 했는데, 운하 주변으로 키 큰 버드나무가 오랜 시간 이곳을 지키고 있었다. 수로 안의 비단잉어와 백로의 여유는 사람들을 더욱 이곳으로 이끌었다.

그날은 사생대회나 백일장 대회가 열린 것 같았다. 같은 교복을 입은 다른 표정의 학생들이 저마다 흰 종이에 무언가를 적고 있었기 때문이다. 아이들은 이야기를 나누다가, 다시 집중했다가, 물을 한 번 휘저었다가 또 집중하기를 반복했다. 햇볕과 바람이 부드러워 학생들 위로 부서지는 것 같았다. 안정감이 묻어나는 일본 영화 엔딩 장면처럼 보였으니까.

거리 위로 신점을 봐주는 갑판이 보였다. 왁자지껄한 말소리가 오가는 걸 보니 오늘도 이곳에서 행운을 비는 사람들이 가득한가 보다. 고개를 돌리면 온통 사람이 보인다. 100엔짜리 잉어 먹이를 사는 사람들, 아이스크림 장수, 목걸이를 고르는 손님과 그녀를 유심히 바라보는 상인.

골목을 누비면서 작지만 다양한 가게들을 만났다. 모두 부담스럽게 크지 않고 자극적이지 않아 시선이 편안하다. 소도시의 매력이 무엇인지, 이제는 확신을 담아 말할 수 있다. 보아도 보아도 질리지 않고, 걸어도 걸어도 지치지 않는 힘이 있는 곳. 우리를 부르는 작은 도시의 목소리를 더 깊이 듣고 싶어진다.

오카야마의 그곳들

호쿠보 호타루안 北房ほたる庵

반딧불이 축제가 있는 호쿠보우 호타루 마을의 음식점. 다시마 육수에 닭고기와 버섯, 각종 야채를 넣고 그 자리에서 지어먹을 수 있는 솥밥 정식이 유명하다. 짜지 않고 슴슴한 맛으로 마냥 먹을 수 있다. 특히 오카야마가 밥맛이 좋기로 유명해서 들러서 맛보기 좋은 곳이다. 예약 시, 숙박도 가능하다.

A. 664 Shimoazae, Maniwa,
 Okayama Prefecture 716-1433
H. hotaru-an.com

고라쿠엔 정원 後楽園

고라쿠엔 정원은 일본 3대 정원 중 하나로 133,000제곱미터 정도의 넓은 면적을 두고 있다. 오카야마 성을 한 눈에 보이는 아름다운 풍경이 매력적이고 이곳 저곳에서 웨딩 촬영이 한창인 커플들도 자주 있다. 계단을 올라 정자에 가면 더 높은 곳에서 고라쿠엔의 여유로운 모습을 볼 수 있다. 봄에는 우거진 매화숲이 무척 아름답다.

A. 1-5 Korakuen, Kita, Okayama,
 Okayama Prefecture 703-8257
T. +81 86 272 1148

시마야 嶋屋

카츠야마 보존거리에 위치한 시마야 식당. 카페 같은 차분한 분위기의 이곳은 사실 소바 맛집이다. 따뜻한 소바와 차가운 소바 두 종류 중에서 주문할 수 있고, 정갈한 반찬과 튀김도 함께 곁들어 먹을 수 있다. 담백하고 깔끔한 맛에서도 소박함이 그대로 느껴진다. 메밀을 삶은 물로 만든 두부도 매우 인상적이다.

A. 154 Katsuyama, Maniwa,
 Okayama Prefecture 717-0013
T. +81 867 44 5408

히루젠 저지랜드 목장 ひるぜんジャージーランド

캠핑, 바베큐, 승마시설 등과 함께 소들의 모습을 그대로 볼 수 있는, 히루젠고원의 최대 관광지이다. 방목하여 자유롭게 땅을 거니는 소들의 모습이 평화로워 보인다. 고원에서 자란 소들이 만든 우유가 들어간 아이스크림은 이곳의 명물이니 긴 줄을 서서라도 꼭 먹어보는 것을 추천한다. 그 외에도 우유와 치즈, 과자 등도 함께 판매하고 있다.

A. 956-222 Hiruzennakafukuda, Maniwa,
 Okayama Prefecture 717-0501
H. hiruraku.com

미카모 크리에이트 스게다니 美甘クリエイト菅谷

편백나무 생산지로 유명한 마니와시의 대표적인 캠핑장. 편백나무 숲의 맑은 공기를 그대로 누릴 수 있는 공간이다. 이른 아침 산책을 하면 기분이 근사해진다. 무엇보다 편백나무로 지어진 아늑한 방갈로에서 묵는 숙박이 인상적이다. 산천어 잡기, 대나무 소면 먹기 등 다양한 체험 프로그램도 있다. 무엇보다 조식이 맛있다.

A. 1050-2 Mikamo, Maniwa,
 Okayama Prefecture 717-0105
T. +81 867 56 2044

한자키 센터 はんざきセンター

유바라 온천마을 초입의 작은 도롱뇽 박물관이다. '한자키はんざき'는 일본의 장수도롱뇽을 일컫는 말로, 전세계적으로 오카야마현 마니와시에서만 서식하는 거대 도롱뇽이다. 깨끗한 1급수에서만 지내는 이 도롱뇽의 모습을 눈으로 관찰할 수 있어서 남녀노소 모두에게 호기심을 불러일으킨다. 장수도롱뇽의 뼈도 전시되어 있다.

A. 1530 Toyosaka, Maniwa,
 Okayama Prefecture 717-0406
T. +81 867 62 2011

보라보라 사람들

주말엔 섬으로

주말 동안 바다 건너에 있는 작은 산호섬에서 남편의 직장 동료들과 만나기로 했다. 한 집 걸러 한 집 모터보트나 제트스키 그도 아니면 쪽배라도 있는 이곳 사람들에게는 다른 섬에 가는 것이 무척이나 일상적인 일이었지만, 우리 부부에게는 그렇지 않았다. "저기 저 섬? 어떻게 가야 되나?" 곤란해하는 내 얼굴을 향해 남편은 씩 웃으며 말했다. "패들보드 타자."

* 패들보드(Stand Up Paddle board)는 기본적으로 크고 두꺼운 보드다. 물에 잘 뜨는 판떼기라는 말이다. 그 위에 서서 기다란 패들, 즉 노를 저어 이동하는데 이게 간단해 보여도 파도에 넘어가지 않게 제대로 서서 균형을 잡으며 노까지 저으려면 상당한 집중력과 체력이 필요하다. 덕분에 누군가에게는 운동이고, 누군가에게는 명상이고, 남편에게는 취미지만, 내게는 극기훈련이다.

글·사진 김태연

바다를
건너는 방법

보라보라의 지형을 생각하면 완전히 미친 생각은 아니었다. 섬을 넓게 둘러싼 환초 지대의 작은 섬들이 남태평양의 거센 파도를 막아주는 덕분에, 바로 앞바다는 호수처럼 잔잔한 편이었다. 체력이 좋은 남편에게는 정말 가능한 일일지도 몰랐다. 하지만 난데? 나는 뭐랄까, 넷플릭스 보며 마실 맥주를 사러 집 근처 마트에 다녀오는 것만으로도 기진맥진해지는 사람이었다. 그런 내가 과연 패들보드로 바다를 건널 수 있을까?

주말 아침, 창문을 열어 날씨를 확인했다. 바람도 파도도 없었다. 다행이었다. 산호섬에 마리도 온다는 소식에 용기를 낸 참이었다. 마리는 나의 불어

선생님이자 많은 이들의 춤 선생님이며, 지구와 동물을 위해 채식을 하고, 여행을 갈 때마다 현지에 끼치는 피해를 최소로 줄이기 위해 다양한 방식의 공정여행을 고민하는 사람이었다. 나는 그저 마리가 그런 이야기를 할 때의 단단한 얼굴이 좋았다.

몸보다 커다란 보드를 남편과 앞뒤로 나눠서 머리에 이고 집을 나섰다. 4층 계단을 내려가니 그새 티셔츠가 땀에 젖어 끈적끈적하게 달라붙었다. 준비운동이 필요 없었다. 바로 바닷물에 들어갔다.

움직이면
나아간다

산호섬은 야자수로 둘러싸인 작은 섬이다. 한눈에 들어올 만큼 가까워 보였지만 분명 보이는 것보다 멀리 있을 터였다. 보드를 물에 내려놓고 노를 꺼내든 내게 남편이 말했다. "한 시간은 안 걸리겠지?" 남편이 패들보드의 앞쪽에 먼저 올라가 앉은 후, 내가 마저 올라가 균형을 잡으며 일어섰다. 휘청, 몸이 흔들렸다. 내가 흔들리니 패들보드도 흔들리고 덩달아 남편도 흔들거렸다. "어어어." 얼른 노를 물에 담그고 뒤로 밀어내니 보드가 앞으로 쑤욱 나아갔다. 남편은 무사히 출발한 내게 엄지를 올려 보이며 말했다. "우리 말 그대로 한 배에 탔네. 이게 결혼한 부부지."

얼마간 노를 젓자 어깨, 배, 다리의 근육이 땅기는 게 느껴졌다. 괜히 전신운동로 불리는 게 아니었다. 노 젓기를 멈추고 숨을 고르자, 보드가 물이 흐르는 방향대로 흘러 내려가기 시작했다. 다시 노를 저으니 제대로 앞으로 나아갔다. 패들보드는 이런 운동이었다. 몸을 움직이면, 딱 그만큼 앞으로 나아가는. 움직이면 나아간다. 움직이면 나아간다. 움직이면 분명히 나아간다. 이 단순한 사실이 반가웠다.

바다의 색도 계속해서 달라졌다. 처음엔 보드의 그림자마저 보이는 투명한 유리색이었다가, 곧 우유를 푼 듯한 에메랄드색이 되었다가, 선명한 청록으로 바뀐 뒤 그대로 점점 짙어지더니 이내 검파란색이 되었다. 수심이 깊어지고 있다는 뜻이었다. 물속이 전혀 보이지 않자 몸에 힘이 들어갔다. 물에 빠지기 싫었다. 빠르게 노를 저었다. 산호섬에 가까워질수록 바다의 색도 다시 밝아졌다. 마침내 투명해졌을 때, 바닷가에 앉아 있는 사람들의 얼굴이 보였다. 마리도 그곳에 있었다.

바다
건너의 사람

사람들은 바비큐 파티를 하고 있었다. 인사를 건네려는데, 마리의 표정이 좋지 않았다. 그녀는 고기가 우리에게 단백질을 공급해주지만, 대신 소를 기르는 과정에서 엄청난 온실가스를 배출하고 환경도 오염시킨다는 말을 머리가 희끗한 남자에게 하고 있었다(내가 알아들은 단어를 조합해보면 그랬다). 남편도 나도 난감해졌다. 마리는 사람들이 고기를 먹는 자리에서, 굳이 이런 설명을 할 사람이 아니었다. 남자가 다시 물었다. "생선이나 야채는 그럼 왜 먹어? 그냥 아무것도 먹으면 안 되는 거 아니야?" 그제야 분위기를 짐작할 만했다. 고기를 구웠을 테고, 마리에게 권했을 테고, 그녀는 자신이 채식주의라 말하며 직접 가져온 생선과 야채를 먹겠다고 했을 테고, 끝없는 질문들이 시작되었겠지. 이번엔 남편이 남자에게 물었다. "우리가 여기에 뭘 타고 왔는지 맞춰봐요." 다행히 남자는 보드 쪽으로 흥미를 옮겼다. 두 사람이 보드를 보려고 이동하자마자 마리가 물었다. "진짜 패들보드로 온 거야? 어디서부터?" 내가 아주 집에서부터 노를 저어서 왔다고 말하자 그녀는 웃음을 터뜨렸다. 우리는 그제야 볼에 비쥬를 하며 인사를 나눴다.

서로 좋아하는 것들을 잔뜩 구워 먹고, 나는 맥주도 3캔이나 마신 다음에야 야자수 그늘에 함께 앉았다. 마리는 채식을 시작하기 전에, 더블치즈버거 못 먹는 게 제일 어려운 일일 거라 생각했다며 웃었다. 무엇을 말하고 싶은지 알 것 같아 그녀의 어깨를 두드렸다. 마리는 어딜 가든 말이 쏟아진다며 손으로 입 모양을 만들어 자기 눈앞에서 흔들었다. 왜 고기를 안 먹느냐 이유를 묻는 사람부터, 건강에 안 좋으니 균형 잡힌 식단을 짜라고 조언하는 사람, 유별나다며 눈치 주는 사람, 오늘처럼 생선도 식물도 고통을 느낄 텐데 그럼 아무것도 먹지 말라는 사람까지.

마리는 그 사람들의 마음도 이해한다고 말했다. 오히려 자기를 점점 모르겠단다. 선의로 하는 행동이 꼭 선한 결과로 이어지는 것도 아니라서 자꾸만 확신이 없어진다고 했다. "내가 채식을 한다고 정말 세상이 바뀌는 것도 아닌데, 나 뭐 하는 거지?" 마리의 질문에 대한 답은 나도 정말 몰랐다. 다만 조금 슬퍼졌다. 왜 늘 자신을 의심하고 고민이 깊은 사람들은 하나같이 좋은 사람들인 걸까. 어떤 말을 하면 좋을지 곰곰 단어를 고르다, 보드를 타고 오며 느낀 것을 말해보았다. 엉성한 불어로. "하지만 움직이지 않으면 정말 아무 일도 일어나지 않으니까."

마리는 눈썹을 까닥이며 장난스럽게 말했다. "난 그냥 칭찬받고 싶었는지도 몰라. 멋진 사람이라고. 너무 이기적인가?" 네 번째 맥주를 마시며 생각했다. 다른 것도 아니고 지구를 살리는 일을 하며 칭찬받고 싶어 하는 건 꽤 괜찮은 거 아닌가? 여기 아무것도 안 하면서 세계 제일의 영화감독이라고 칭찬만 받고 싶은 나도 있는데.

다시
집으로

집으로 돌아올 때는 남편이 노를 저었다. 가만히 앞에 앉아 바닷속을 들여다보고 있는데, 불쑥 뾰족한 것이 나타났다 사라졌다. 다급하게 상어를 외치는 내 비명에 남편도 바다를 응시하더니 말했다. "저건 만타레이야." 만타레이가 대체 뭐야. 처음 들어보는 이름이었다. 정말 모르냐고 묻는 남편의 목소리가 들떠 있었다. 엄청 큰 가오리인데 몸무게가 2톤이 넘고 날개너비가 6미터가 되는 것도 있다고 했다. 정말 모르는 거냐고 여러 번 되물었다. 또 신났네. 내가 모르는 걸 찾아내고 놀리는 일이 어째선지 남편에게는 큰 즐거움이었다. 수면 위로 살짝 드러났던 모습만으로는 크기가 그려지지 않았다. 내 키의 세 배가 넘는 가오리라니. 상어가 아니어도 무서운 크기였다. 하지만 만타레이는 우리에게 전혀 관심이 없었다. 다시 물 위로

올라오지 않고, 그냥 그렇게 사라졌다.

남편이 노를 저을 때마다 긴 물결이 일어났다. 물결을 따라서 햇빛이 굴절되었다. 어느새 해가 지고 있었다. 바다에 떠서 바라보는 노을은 오랜만이었다. 이런 순간에는 꼭 보라보라섬이 내가 지구를 이루는 수많은 존재들 중 하나, 그것도 아주 작은 하나라는 걸 알려주는 것만 같다. 물론 이 모든 것, 섬, 바다, 파도, 바람, 만타레이는 그럴 의도가 전혀 없을 터였다. 그저 그렇게 그곳에 그냥 있는 것을. 어느 책에서 보았듯 모든 것에 의미를 부여하려는 건 인간의 어리석은 속성일지도 모르겠다. 나는 또 이 모든 것을 해변에 도착하자마자, 모래에 발을 내딛자마자 잊어버리겠지. 뭐 어떤가. 그래서 우리는 매번 바다로 돌아오는 것일지도 모른다.

펜이 작품이 되는 공간

라미 LAMY

라미는 펜 한 자루에도 디자인과 영감, 철학을 담는다. 펜촉의 사용감, 손에 감기는 감촉, 펜 바디의 작은 디테일까지, 단순히 만들어지는 것은 없다. 그렇게 완성된 펜이 담긴 공간은 그저 펜을 파는 숍이 아니다. 작은 박물관과도 같다.

에디터 정혜미 포토그래퍼 **Hae Ran**

펜으로
채우다

라미 컨셉 스토어는 국내 최초로 펜으로만 구성된 단독 매장이다. 이곳에선 단순히 필기구로서의 펜뿐만이 아니라, 라미 펜을 사용하는 사람들에게 라이프스타일을 제안한다. 손님들의 라이프스타일과 성향에 따라 펜을 추천하며, 현장 각인 서비스도 제공한다. 시필 공간에서는 라미 전 제품을 사용해볼 수 있다.

라미 컨셉샵 스타필드 하남점

스타필드 하남에 자리한 국내 첫 단독 매장은 화이트 톤으로 완성된 인테리어에 유리 파사드로 구현한 벌집 모양의 조형물이 감각적이다.

A. 경기도 하남시 미사대로 750
스타필드 하남점 1층
T. 031 8072 8223

라미 컨셉샵 스타필드 고양점

스타필드 고양에는 라미의 두 번째 컨셉 스토어가 있다. 매장 입구에는 펜에서 아이디어가 형상화되는 것을 구현한 오브제 작품이 설치되어 있다.

A. 경기도 고양시 덕양구 고양대로 1955
스타필드 고양점 1층
T. 031 5173 1035

라미 스펙스 LAMY specs
| specs.lamy.com

라미 스펙스LAMY specs는 브랜드 라미의 특별하고 독창적인 요소를 담은 새로운 형태의 브랜드 매거진이다. 2018년 3월 처음으로 발행된 specs vol.1을 시작으로 같은 해 6월 specs vol.2가 발행되었으며, 연간 세 번 발행 예정인 라미 스펙스는 타블로이드 형태의 매거진과 온라인으로 만나볼 수 있다. 증강현실 어플리케이션으로도 제작, 라미의 생생한 3D 애니메이션과 이미지, 영상을 함께 만나볼 수 있다. 라미 알스타를 주제로 한 스펙스 2호에는 라미 사파리의 디자인 철학과 뉴욕 소호의 라미 매장에 대한 이야기가 담겨있다.

SCAN THIS IMAGE

HOW TO

1. LAMY specs 모바일 앱을 아이튠즈 앱스토어 또는 구글 플레이스토어에서 무료로 다운 받으세요. **2.** specs 이미지 위에 'scan' 표시를 찾아보세요. **3.** 앱을 열고 카메라가 실행되면, 해당 페이지를 화면에 꽉 차게 비춰주세요. **4.** 새로운 LAMY를 경험해보세요!

한결같은 버릇

딱히 할 일이 없을 때 이렇게 시간을 보낸다

"소장님! 벽돌 그냥 붙이면 안 돼요?", "네?", "벽돌
말이요! 그냥 쌓지 말고 붙입시다! 어차피 똑같아요!"

글·그림 한승재

이른 아침부터 건설 현장에서 전화가 왔다. 벽돌을 쌓아서 무거운 벽을 만들어야 하는데 얇은 벽돌을 타일처럼 붙이면 어떻겠냐고 묻는 것이다. 사실 이 건물에서 벽돌이 중요한 구실을 하는 건 아니었다. 무거운 벽돌을 쌓는 대신 가벼운 벽돌 타일을 붙이면 시공에 더 용이하고, 안전하고, 빠르게 지을 수 있다는 장점이 있다. 단점이라고 하면, 그냥 그러면 안 될 것 같은 마음 정도….

아주 오래전에 건물을 지을 땐 하나하나 돌을 쌓아야만 했다. 그것은 느리고 위험하고 무거운 방법이었다. 후에 철근과 콘크리트를 사용하기 시작하면서 건축 기술은 비약적으로 발전하게 되었다. 건물은 더 튼튼해졌고, 자유로운 형태를 가질 수 있게 되었다. 철근과 콘크리트가 건물의 뼈대가 되면서 돌과 벽돌, 나무 등 과거 건물을 지탱하던 재료는 모두 장식이 되어버렸다. 요즘 지어진 벽돌 건물에서 벽돌이 하는 일에 대해 설명하자면 무척 겸연쩍어질 수밖에 없다. 거짓말처럼 들리겠지만, 벽돌이 하는 일은 사실상 아무것도 없다. 겨우 벽돌 건물로 보이게 하는 것 정도밖에. 그러니 현장에서 벽돌을 쌓는 데 의문을 가지는 건 이상한 일이 아니다. 어차피 나중에 보면 비슷할 것이고, 벽돌 타일을 붙여서 더 싸고 빠르게 지을 수 있다면 굳이 거절할 이유가 없는 것이다. 하지만 나는 굳이 벽돌을 쌓아야 한다고 말했다. 현장 소장은 아주 답답해하는 말투로 몇 번이고 다시 설명했다. 벽돌을 쌓으면 시간도 늘어지고, 공간도 좁아지고, 시공도 까다롭고…. 그리고 마지막으로 일이 너무 고생스러워진다고 했다. 내가 보기엔 돌을 쌓는 것이 붙이는 것과는 좀 다른데 그것을 논리적으로 설득할 수 없었다. "보기엔 똑같아 보여도 엄연히 좀 달라요…." 전화기 너머에선 딱한 목소리가 들려왔다. "엄연히…. 고생스러운 점이 좀 다르겠죠."

맨땅에서 딱히 할 일이 없을 때 사람은 흙을 파거나 돌을 쌓으면서 시간을 보낸다. 군대에서 넘쳐나는 시간 동안 땅을 파고 돌을 쌓으며 깨달은 단 하나의 사실이다. 지루한 정치인들이 매일같이 땅을 파헤치고 무언가를 쌓아 올리는 것을 보면서, 학생들이 지루하게 앉아 있던 운동장이 온통 파헤쳐 있는 것을 보면서, 나는 사람들의 한결같은 버릇을 다시 한번 확인할 수가 있었다. 그러니까 사람들은 끊임없이 중력과 대화를 나누며 시간을 때운다. 그것이 사람의 한결같은 버릇이 아닐까 생각하는 것이다.

'돌무지무덤', '돌무지덧널무덤' 같은 단어가 교과서의 꽤 앞부분에 나오는 것으로 보아, 그 버릇의 역사가 얼마나 오래됐는지 짐작할 수 있다. 성경에서도 꽤 앞부분에 돌 쌓기에 대한 이야기가 나온다. 신의 얼굴을 볼 수 있을 정도로 높은 탑을 쌓으려고 하다가 신의 분노를 사게 된 이야기다. 신은 그 높은 탑을 허물어버리고 사람들의 언어를 모두 바꾸어버렸다. 성경에선 사람들이 그때부터 서로 다른 언어를 쓰기 시작했다고 말한다. 다른 언어를 사용하면서부터 사람들은 서로 다르게 살기 시작했다. 국경이 나누어지고, 사상이 나누어지고, 서로 이해하지 못할 정도로 다른 규칙 속에 살게 되었다. 그렇게 모든 것이 바뀌어도 사람들의 한결같은 버릇은 변하지 않았다. 사람들은 여전히 돌을 쌓고, 그릇을 쌓고, 동전을 쌓으며 시간을 때웠다. 그리고 그 속의 어떤 규칙 하나도 여전히 변하지 않은 채로 남아 있었다.

중력은 태초부터 조금도 변질되지 않은, 공룡처럼 오래된 규칙이다. 그리고 온 지구를 걸쳐 모두에게 통용되는 단일한 규칙이기도 하다. 건축물은 문화와 시대에 따라 모두 다르게 나타난다. 양식과 법규에 따라 이런저런 규칙이 시대를 흘러 지나가면, 그런 변화에 맞춰 건물 모양도 계속 바뀐다. 하지만 중력이라는 규칙은 단 한 번도 변한 적이 없었다. 언어도, 화폐도, 사상도 모두 바뀌고, 심지어 신도 죽었다고 말하는 세상에 이토록 한결같은 것이 또 무엇이 있을까 생각해보면 무턱대고 쌓는 그 한결같은 버릇까지 무척 위대해 보인다. 세탁기 위의 빨래 더미가 바벨탑의 무거운 바위와 뉴턴의 사과나무와 똑같은 방향을 향하고 있다는 사실은 정말 믿기지 않을 정도로 황홀한 일이다.

산의 초입엔 푸르른 나무가 있고 조금 걷다 보면 얕은 개울이 나온다. 그런 흔한 산에서 또 흔하게 볼 수 있는 것이 조약돌을 쌓아 만든 작은 돌탑이다. 그것 역시 사람의 한결같은 버릇인지, 사람들은 돌탑을 쌓으면서 소원을 빌곤 한다. 조금 더 걸어 올라가다 보면 작은 사찰이 나온다. 이것은 어느 특정한 산이 아닌 대부분의 산에서 볼 수 있는 여정이다. 사람들은 탑을 바라보고, 탑 주위를 빙빙 돌기도 하며 소원을 빈다. 중력이라는 힘의 유일성과 영속성은 우리가 기대하는 신의 속성과 꽤나 비슷하다. 나 역시 무언가를 위해 기원을 남겨야 할 일이 있다면 날아가는 바람, 혹은 아이디어 같은 데 기도하지는 않을 것이다. 나의 소망을 맡겨 놓을 만한 영속적이고 절대적인 무언가를 찾아낼 것이다. 그리고 그것에 의지해 무언가를 쌓아 올릴 것이다. 작은 돌을 쌓거나 높은 탑을 쌓으며, 사람들은 그렇게 중력과 대화를 나눈다.

그러므로 쌓는 것은 붙이는 것과 달라야 한다고 생각한다. 탑이 사람들에게 보여주고자 하는 것은 탑의 조형이 전부가 아니다. 오히려 더 중요한 것은 힘의 영속성과 중력에 맞선 긴 고집 같은 것이다. 탑은 본드나 부속 철물 같은 요즘의 언어로 이야기하지 않는다. 라틴어보다 히브리어보다 더 오래된 중력이라는 언어를 구사한다. 탑을 쉽게 만들려고 했다면 충분히 다른 방법을 사용할 수 있었다. 돌을 위로 쌓는 대신 옆으로 길게 늘어놨을 것이다. 무거운 돌을 옮겨 높게 쌓는 대신, 높은 바위에 가벼운 돌을 붙였을 것이다. 요즘 같은 시대에 돌을 쌓는 행위는 쓸데없는 고집일지도, 일종의 부르주아적 페티시인지도 모르겠다. 현장 소장은 그런 걸 순화해서 고생이라고 말하는 것이다. 고생을 피하는 것은 당연한 일이다. 그리고 고생을 강요하는 것은 나쁜 일이다. 나는 죄송스럽게 말했다.

"죄송해요. 고생 좀 해주세요." 힘들게 거절하는 목소리에 현장 소장은 한숨으로 순응한다. 그런데 난 거기에 그치지 않고 굳이 한마디를 더 덧붙였다. "같아 보여도 좀 다르거든요."

Yamadamatsu
Hanakyoka Season Set

야마다마츠 향목점 하나교카 시즌 세트

검은 봉투를 열면 12개의 향기가 참하게 담겨 있다. 한 해의 흐름과 절기의 변화,
1월부터 12월까지의 의미를 담은 색색의 향이 궁금해서 매달의 첫날을 조금 설
레며 맞는다. 마음이 먼저 마중 나가는 반가운 날이 일 년에 12번이나 더 생겼다.

글·사진 **김희선**

**향의
달력**

교토에 다녀온 동료가 선물로 건넨 봉투를 열어보니 1월부터 12월까지, 매달의 정취를 담은 인향 12개와 받침대가 담겨 있었다. 인향마다 모양도 색도 다른데 찬찬히 들여다보면 설명 글을 읽지 않아도 각각의 향기를 짐작할 수 있게끔 섬세한 모양새다. 여러 가지 방식의 향에 관심을 가지고 경험해보았지만 이 '하나교카 시즌 세트'만큼 담백하고, 아름답고, 또 일상에서 밀접하게 향을 즐기는 방법은 없는 듯하다. 매달 향기의 선정이나 설명도 근사해서 시구절을 대하듯 여러 번 읽어보았다. 1월은 백단을 기본으로 한 상쾌한 향기, 3월은 벚꽃을 바탕으로 만든 화려한 향기, 4월은 신록이 연상되는 시원한 향기다. 똑같이 꽃을 주제로 했지만 5월은 물가의 꽃이 연상되는 상쾌한 향, 6월은 우울한 장마를 잊게 해주는 향, 7월은 여름 꽃을 모은 듯 달콤한 향을 담았다. 가장 좋아하는 것은 하반기의 향들인데 8월은 가을 소식을 알리는 덧없는 향기, 10월은 초가을에 산에 넘치는 고향을 그리는 향수, 11월은 선명하게 산을 물들이는 비단처럼 아름다운 단풍의 향기 그리고 12월은 의젓하게 피는 수선화의 맑고 청초한 향기를 그린다. 매달의 첫 주말에 창문을 조금 열고 테이블 위를 깨끗이 치운 다음 이달의 인향에 조심조심 불을 붙이고 스탠드에 반듯하게 세워 두면 하얀 연기가 비단결처럼 피어오른다. 크기가 작아 1분 남짓, 가만히 바라보기에 부담스럽지 않은 시간 동안 타오른다. 어지간히 성미가 급한 사람이라도 한 번에 모두 태워 없앨 마음이 들지 않고, 아무리 궁금해도 10월의 향은 10월이 될 때까지 기다리게 하는 향의 달력. 12개의 향을 피우며 일 년을 지내보니 매달의 시작을 은근한 기대로 맞게 된다. 저 멀리 누군가가 써 보낸 짧고 정겨운 서간을 매달 받아보는 마음으로.

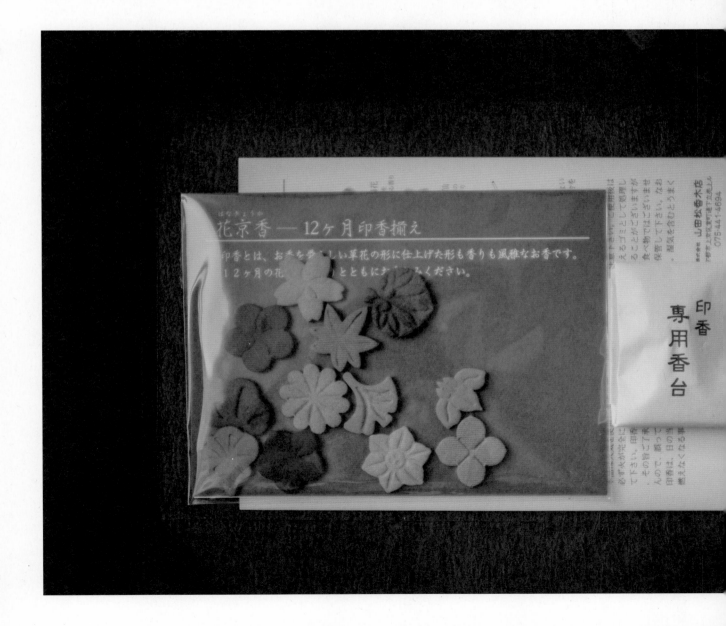

시간과의 호흡

성큼 앞서 나간 날들의 뒤에서 벌써 일 주가, 한 달이, 일 년이 다 지났음에 초조해본 경험은 누구에게나 익숙할 것이다. 이런저런 할 일로 가득한 일정들을 끌고 가다 보면 늘 지는 경주에 나선 2군 선수가 되는데, 어쨌든 앞선 시간을 좇아 뛰어야 하는 몸은 지치고 마음은 허망해진다. 이렇게 등 떠밀리거나 끌려가는 트랙 위에서도 우리에게 이만큼 왔다고, 4분의 3을 지난 이 지점의 풍경은 이렇게나 좋지 않냐고 격려와 응원을 보내는 것들이 있다. 학생 때는 방학이 있었고, 회사원에겐 월급날과 휴가가 있다. 지리한 여름 끝에 맞이하는 가을의 첫 바람, 봄의 개화, 여름의 복숭아 맛도 그렇다. 연말과 새해 명절, 크리스마스 같은 날들도 마침표와 쉼표의 역할을 해준다. 일 년을 여러 마디로 나누고 그 마디마다 이름표를 달고, 쉬어갈 때와 나아갈 때를 일러주며 계절의 변화를 예고하는 책. 대수롭지 않게 여기던 달력을 이렇게 달리 보면 여기엔 지구의 자전이라는 우주적 현상과 한 방향으로 줄곧 흐르는 시간의 초월적 존재를 사람의 스케일로 이해하고 향유하려는 노력이 빼곡히 담겨 있다. 날짜 밑에 작게 적힌 입춘, 단오, 동지 같은 날들이 단순한 과거의 유산이 아니라 태양과 나의 위치를 토대로 한 계절의 분수령이라는 것, 그 계절이 좌우하는 빛의 각도나 비의 양, 습도와 공기의 질감이 기분과 건강을 좌우한다는 것은 한 해 한 해 더 명징하게 다가온다. 농경사회에서는 기분과 건강뿐 아니라 생사까지 좌우했으므로 이날들을 기리는 방법도 더 정중하고 정교했다. 단오에는 무더위에 앞서 부채를 선물하고 동지에는 일 년 중 가장 긴 밤을 함께 보내며 묵은 빚을 청산하는 풍습은 합리적이면서도 낭만적이어서, 복날에 삼계탕을 먹는 것 외에도 절기의 호흡을 즐길 여지가 많다는 것을 일깨운다. 지난 몇 년간은 싸고 맛있는 제철 식재료를 놓치지 말고 꼭 챙겨 즐기는 데 집중하며 달력을 맛집 지도처럼 활용하기도 했다. 매달의 향을 피워두고 새롭게 주어진 날들을 향으로 그려보는 호젓한 기쁨은 나의 달력에 추가된 최신의 이벤트다. 피어오르는 인향의 연기에 응축된 상징과 실제 창 밖에서 불어오는 현실의 공기가 하나로 타오르는 것을 보고 또 냄새 맡노라면, 몹시 고대하던 시간이 이곳에 도달한 듯 그립고도 반가운 마음으로 한 달을 시작하게 된다.

Yamadamatsu

'야마다마츠'는 에도 시대 교토 기반의 약재상으로 시작하여, 1700년도 후반에 향의 원료 전문점으로 전향한 전통 향목점이다. 약재와 향의 원료 전문점이 시작이었기 때문에 향의 원료에 대한 이해가 깊고, 보유하고 있는 향의 수량과 다양성이 독보적이라는 점에서 일본의 무수한 향목점들과 차별화된다. 향에 대한 교육과 연구 활동도 활발하게 진행하고 있어 더욱 높은 평가를 받고 있다.

Yamadamatsu Hanakyoka Season Set | 1만 9천원, TWL 온오프라인샵

우주의 슬하에서

평론가 부부의 책갈피

아기는 어느 날 자연스럽게 우리에게 왔다. 아기는 울고 웃고 때로는 우리를 가만
히 바라본다. 그 알 수 없는 질서 속에서 나무가 자라고 꽃이 피고 구름이 지나간다.

글 김나영, 송종원   사진 이자연

한쪽에는 어린 생명이 있고,
또 다른 한쪽에는 나이 든 존재가 있는 풍경

"우리 달콩이는 사우나베이비예요"

"네?"

"사우나베이비요!"

산후조리원에서 달콩이를 씻겨주고 먹여주고 재워주시던 간호사 한 분과 나눈 대화다. 하루에 한 번 있는 목욕 시간, 어떤 아기들은 몸에 물이 닿는 것을 극도로 꺼리는 경향이 있는데 달콩이는 그렇지 않다는 말로 해주신 표현이었다. 조리원에서 집으로 와 아내와 함께 긴장하며 달콩이를 처음 목욕시키는 순간, 아이의 몸을 어찌 잡아야 할지 몰라 나와 아내는 진정 온몸으로 허둥지둥했다. 그런데 불과 몇 초 후 우리는 둘다 세상 근심을 모두 놓아버린 사람처럼 환하게 웃었다. 입수를 하자 극히 평온해진 달콩이의 표정 때문이었다. 옷을 벗기자 울먹이던 아이가 물에 들어가자마자 두 볼 가득 공기를 채운 표정으로 변하며 사방의 공기를 침묵 속으로 몰아넣었다. 엄마의 배 속에서 체험한 양수의 기억 때문일까. 물속에 넣었을 때 달콩이의 표정을 떠올리면 하루에도 몇 번씩 목욕을 시키고 싶은 마음이 든다.

그런데 달콩이 녀석에게도 정말 기억이란 게 있을까. 아이는 가끔씩 놀랄 정도로 너무 환하게 웃는다. 태어난 지 30일도 안 된 녀석이 무슨 생각을 하길래 저렇게 환한 미소를 짓는지. 그게 무엇인지는 모르겠지만 아이를 웃게 한 무언가가 아이의 머릿속에 오랫동안 남아주면 좋겠다고 나는 남몰래 기원하고는 한다. 하지만 한편으로 정말 그럴 수 있을까 생각하기도 한다. 아마도 아이는 성장하면서 잊을 것이기 때문이다. 나는 그처럼 무구한 웃음을 어른의 표정 속에서 본 적이 없는 듯하다. 달콩이가 태어나자 알았다. 아이와 어른은 연속적인 존재가 아니라, 완전히 다른 차원의 존재라는 사실을. 아이가 커서 어른이 되는 게 아니라, 아이는 사라지고 그 자리를 돌변한 어른이 채우는 것이다. 아이는 자연에서 와 문화적 존재로 거듭난다. 그렇기 때문에 아이의 어떤 상태는 어른에게는 절대 불가능한 순간이 되는 것은 아닐까.

어머니와 치과에 다녀왔다 / 몸이 자꾸 한쪽으로 기울어지는 / 어머니 손을 잡았다. / 어머니가 내 손을 꼭 쥐며 나를 올려다본다. / 어머니의 눈에는 깊고도 아득한, / 인류의 그 무엇이 있다. / 살아온 날들이 지나간다. / 어머니, 그리고 어머니.

– 김용택, 〈우주에서〉 중에서

아이가 태어나자 가족들이 모이는 날이 많아졌다. 모두가 새로운 가족 구성원을 반길 준비를 하고 아이를 만난다. 그런데 유독 다른 형식으로 아이를 맞이하는 가족이 있다. 아이의 할머니와 외할머니는 아이만 반기는 게 아니라 아이를 키우던 자신의 지난 과거를 다시 맞이하는 듯 보인다. 두 분의 어머니는 두 분의 인생에서 터닝포인트이던 그 순간으로 돌아가 아이 앞에서 말이 많아지고 행동이 민첩해지셨다. 아이와 오래전부터 아는 사이처럼 말을 걸고 어려움 없이 아이를 안아 드는 모습은 어머니들에게서만 찾을 수 있는 무엇이었다.

그런데, 어머니의 자리를 반복해서 경험하는 그녀들의 모습은 또한 예전 같지 않은 데가 있다. 아이를 맞이하며 웃는 그녀들의 표정엔 이제 엄마의 것만이 아니라 할머니의 것이 들어 있다. 깊고도 아득한 시간이 어머니들의 얼굴 위로 스쳐가자, 나는 아이를 만난 반가움과 나이 든 어머니의 얼굴을 만난 안쓰러움을 동시에 느끼기도 했다. 한쪽에는 어린 생명이 있고, 또 다른 한쪽에는 나이 든 존재가 있는 풍경. 나는 그 사이에서 어떤 질서를 느끼고 그것에 자연이라는 이름을 붙여도 본다.

아기님, 아기님이 이해하세요

요즘 내가 가장 즐거울 때는 달콩이의 기운 찬 트림 소리를 들을 때고, 가장 마음이 편할 때는 잠이 든 아이의 쌔근쌔근하는 소리를 들을 때다. 반면 가장 마음이 불편할 때는(이미 눈치 빠른 사람은 알아챘겠지만) 달콩이가 울 때다. 나는 이제 막 태어난 아이를 돌보며 그 돌봄의 과정에서 발생한 결과들에 따라 즉각적으로 반응하는 삶을 살게 된 것이라고 여겼다. 그런데 이런 생각이 착각이라는 걸 깨닫는 데 오래 걸리지 않았다. 달콩이를 안아 든 장모님께서 구전 민요 같은 재밌는 노래를 부르시는 걸 들은 이후 생각이 달라졌다. 흥부자인 어머니께서 달콩이를 만나러 우리 집에 방문한 날, 아이를 처음 안아 든 어머니는 이런 노래를 부르며 아이를 달랬다.

"아기님, 아기님이 이해하세요. 두 어른이 아무것도 몰라 아기님을 불편하게 할 수도 있어요. 두 어른도 아직 아이랍니다."

신선한 충격이었다. 내가 돌보고 있다고 여기던 존재가 오히려 나보다 더 높은 곳에서 나를 지켜보는 듯한 내용의 노랫말은 어떤 종류의 진실을 품고 있었다. 내 손에 아이가 커가는 게 아니라 아이의 시선에 내가 커가고 있던 것이다. 아이가 생기며 나는 부모의 자리에 들 수 있었지만, 그 자리에 들었다고 해서 바로 부모라는 존재가 되는 것은 아니다. 그러니까 나는 지금 아무것도 모르던 부모에서 조금씩 앎을 형성하는 부모로 성장하는 중이었다. 생각해보면 아이의 울음에 예민하게 반응한 이유도 그렇다. 사실은 부모로서의 내 무능이 노출될까 늘 노심초사하던 것인지도 모른다.

엄마는 나한테 가랑잎 같은 잔소리를 해요 / 그래도 나는 엄마에게 쪼그만 가랑잎이 되어요 / 엄마 무릎 아래 / 잠이 올 때까지 가랑잎처럼 뒹굴어요

– 문태준, 〈동시 세 편 – 가을〉 중에서

저 아이는 어디에서 왔을까. 아이가 쌔근쌔근 잠이 드는 시간이면 아내와 나는 서로 바라보며 바보처럼 물었던 질문을 또 하고 또 한다. 신비하기 때문이다. 어느 먼 별에서 왔다는 말은 너무나도 상투적인 표현이지만, 사람들이 왜 그런 표현을 하게 되었는지는 너무나 이해가 간다. 멀리서, 전혀 다른 우주가 아니라면 설명이 안 되는 것이다. 태어난 아이 덕분에 나도 오랜만에 우주의 슬하에 누워본다. 조그맣고 순한 사람이 되어 잠이 들고 싶다.

내가 만난 세계

"여기 보이는 이것이 아기집이에요." 이 한마디가 내 인생을 송두리째 바꿔놓았다. 인생이라는 말은 꽤 거창하지만, 아기가 생긴 이후로 달라진 것들의 목록과 범주를 설명하기에는 이 말조차 가볍게 느껴졌다. 배가 불러온다든가 가만히 있어도 숨이 찬다든가 평소에 좋아하지 않던 음식을 자다가도 찾게 된다든가 하는, 예상 가능하고 익히 들어 알고 있는 변화들은 정말 별것 아니었다. 예상하지 못한 일들의 연속이 임신 기간 내내 나의 몸과 마음을 집요하게 장악해나갔다. 임신과 출산에 관한 국민 서적이라 할 만한, 옛날 전화번호부 같이 두꺼운 책에 임신에 관한 증상과 대비책들은 주수별로 일목요연하게 정리되어 있었으나, 정돈된 정보들의 대부분은 거의 '알쓸신잡'에 가까운 것이었다. 그것은 알아두면 좋으나 실제로는 별로 쓸모없는, 내 몸과 마음의 변화를 설명하거나 이해하는 데에는 소용이 없는 텅 빈 말들이었다. 돌이켜보니 임신 기간 내내 나를 괴롭힌 것은 바로 이것이었다. 지금 당장 나를 집어삼키는 이 변화의 정체, 가로막거나 사로잡을 수 없는 보이지 않는 힘의 인과를 나 자신이나 다른 누군가에게 설명할 마땅한 말이 없다는 사실 말이다.

말이 없는, 갖고 있던 말마저 잃어버린 시간을 보내며 나는 나의 시간을 상상으로 채워나갔다. 나의 취향과 편의로 채워진 공간을 정리하며 아기와 함께 살아야 할 집 안의 풍경을 상상하고, 허술한 이 세계를 부수고 다시 지으며 아기가 살아나가야 할 다른 세계의 모습을 상상했다. 내 상상의 속도는 아기가 자라는 속도를 따라가지 못해서, 여전히 내 머릿속에서만 완성된 집과 세계 속으로 예기치 못한 어느 날 문득 아기가 찾아오고야 말았지만.

아기의 첫 울음 소리, 티파니 블루 빛깔의 병원 강보에 싸여 있는 아기와의 첫 대면, 흰 속싸개에 돌돌 감겨 있는 아기를 처음 안았을 때의 무게와 온도, 그리고 그 모든 순간에서의 떨림은 감격을 넘어 거의 충격이었다. 그리고 그때 알았다. 내가 가진 언어로 설명할 수 있는 것이 있고, 말로는 표현할 수 없어 그저 마음으로 그려볼 수밖에 없는 것이 있지만, 이 둘은 모두 나 자신이 살아오던 완고한 삶의 형식 속에서 가능한 일이라는 것을. 그 바깥에, 그 너머에 내가 말할 수도 없고 미처 상상해볼 수도 없는, 무한한 미지의 세계가 있다는 것을. 아기와의 만남이 불러온 충격은 그런 세계로의 초대처럼 느껴진다. 아무것도 예상할 수 없기에 너무나도 두렵지만 기꺼이 응답하게 되는 일 말이다.

몸소 겪어보기 전에는, 그러니까 그 속에 내 몸과 마음을 담가보지 않고는 결코 알 수 없는 시간이 있다. 사람들은 흔히 그런 시간을 '자연스러운 것'으로 뭉뚱그려 말하기도 한다. 이때의 자연은 지극히 당연하기에 두말할 나위 없는 것을 가리키기도 하지만, 때로는 인간의 이해가 닿지 않는 완벽한 미지의 대상조차 자연이라는 이름으로 넘겨짚고 만다. 하루에도 열두 번씩 달라지는 아기의 얼굴을 가만히 들여다보며, 오물거리는 입과 앙증맞은 코와 특히 말 그대로 여러 행성을 담고 있는 우주 같은 눈동자를 바라보며 그곳에서 나는 자연을 배운다. 자연히 내게 온 것 같은 이 아기는 내가 알 수 없는 시간을 지나 내가 알 수 없을 시간을 내게 보여주겠지. 이제 갓 태어난 이 세계에 대해 나는 아무것도 미리 말하고 상상하고 바라지 못할 것이다.

사랑해 널 이 느낌 이대로

아이에게 하는 입맞춤 하나하나는 내가 그토록 절실히 원했지만 받지 못했던 모든 입맞춤이다. 그리고 그 상처를 치유하는 데는 이 방법밖에 없다는 것을 알게 되었다. 아들이 태어나기 전에는 내가 아이를 사랑할 수 있을까 걱정했다. 이제는 내 사랑이 아이가 이해하기에 너무 큰 건 아닐까 걱정한다. 아이는 엄마의 사랑을 알 필요가 있고, 나는 내가 느끼는 이 풍요로운 사랑을 모두 표현할 능력이 없어 무력감을 느낀다. 이제 나는 내 아들이야말로 내가 기다리는 줄도 모르고 기다렸던 기다림의 끝이라는 것을 깨닫고, 그 아이는 불가능한 동시에 불가피했다는 것을 깨닫고, 누군가의 엄마가 될 단 한 번의 기회가 한 번 내게 주어졌다는 것을 깨닫는다. 그렇다, 나는 이 아이의 엄마(이 말을 이제는 할 수 있다)지만 오직 내가 기대했던 엄마 노릇의 관념에서 나 자신을 해방시킨 후에야 엄마 노릇을 할 수 있었다.

– 호프 자런, 《랩걸》 중에서

인용된 부분 바로 다음 문장은 이렇다. "그렇게 묘한 것이 바로 인생인 것 같다." 그렇다고 이 책이 인생에 관한 누군가의 깨달음이나 지루한 아포리즘으로 채워져 있다고 생각하면 오산이다. 저자는 촉망받는 과학자이며, 이 한 권의 책에서 우리가 확인할 수 있는 것은 그녀가 너무나도 진솔하고도 친밀하게 들려주는 그 자신의 인생인 동시에 한 훌륭한 과학자가 쌓아 올린 분명한 업적들이기 때문이다. 자신의 인생에 관한 가장 구체적인 경험, 가령 사랑하는 가족들에게 받은 애정과 결핍의 사례들까지 예로 들며 그녀는 자신이 어떻게 좌절하고 극복했는지를 들려준다. 물론 지질과 식물에 관해 연구하는 학자로서의 정체성 또한 분명하게 드러내면서 이 책 구성의 절반은 땅의 특질과 나무의 생리에 관한 설명으로 채워지지만, 그것조차 한편으로는 인생에 관한 비유로 읽힌다는 것이 이 책의 묘미이기도 하다. 결국 이 책은 사람과 자연이 어떻게 닮아 있는지, 사람이 자연을 어떻게 이해할 수 있는지를 한 인간의 인생을 통해서 보여준다.

사람과 자연이 겹쳐지는 자리의 이름은 역시 사랑이다. 과학자이자 아내이자 엄마의 역할에 모두 충실해야만 하는 여성의 자리에서 그녀는 아무것도 포기하지 않는 일이 곧 사랑일 수 있다는 것을 보여준다. 흔히 아들과 남편에 대한 애정과 존중으로 자신의 일을 포기하는 여성을 두고 사랑을 이야기할 때, 그녀의 삶은 그 무엇도 포기하지 않는 것이 사랑이라는 것을 너무나도 구체적으로 알려준다. 사랑은 기존의 세상을 이루는 수많은 말과 관념들에서 자유로워져 오로지 "단 한 번의 기회"를 믿고 나아가는 마음의 힘으로만 가능하다는 것도. 누군가는 기회가 단 한 번뿐이라는 것에 좌절할 때, 다른 누군가는 단 한 번의 기회가 자신의 삶에 주어진 것에 깊이 감사한다. 그 감사의 마음에서 기회를 허비하지 않으려는 용기가 발휘되고, 그 움트는 용기가 때로는 우리의 말과 상상이 미처 가닿지 못할 정도로 '자연스러운' 사랑으로 태어난다.

PEACEFUL BUT SCARY

평온하고 두려운

'자연'이라는 단어 앞에서는 평온함, 낭만적, 아름다움 같은 흔하디흔한 인상들이 떠오른
다. 그런데 정말 그런 걸까. 액자에 걸어둔 그림처럼 멀리서 본 풍경만이 자연일까. 왠지 삐
딱해져서 이 책들을 다시 읽어봤다. 이 책들은 자연에 대한 조금 다른 이야기를 들려준다.

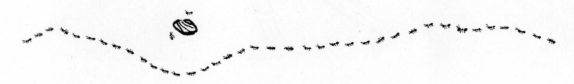

내가 태어나 자란 도시에는 뒤로는 산이, 앞으로는 바다가 있었다. 나는 유년 시절을 매일 산과 들과 개울가를 뛰어다니며 보냈다. 주말에는 아빠와 바다에 갔다. 아빠가 낚시나 잠수를 해 해삼 같은 걸 잡는 동안 나는 바위에 붙은 말미잘을 건드리며 놀거나 돌로 굴 껍질을 깨 속에 있는 굴을 파낸 다음 바닷물에 씻어 그대로 입안에 털어 넣었다. 아무튼 그때부터 먹는 데 관심이 많았다.

스무 살이 되어 서울에 도착한 후, 자연과는 그다지 관계없는 인생을 살아왔다. 20대 중반을 넘어서자 이대로는 안 되겠다는 생각이 들었다. '더 이상 이렇게 살 수는 없어.' 어쩌면 이 모든 문제를 자연과 가까운 생활로 치유할 수 있을지도 모르겠다는 생각도 들었다. 나는 주말이면 등산을 다니기 시작했고 자연주의적 삶에 관한 책들을 열심히 읽었다. 화분에 식물을 키우다가 죽이기를 반복하면서도 언젠가는 귀농을 해야겠다는 결심도 했다. 인도에 여행을 가서는 오로빌이라는 자연친화적 공동체 마을에 정착해볼 꿈을 품기도 했다. 하지만 그 마을은 덥고 갑갑하고 불편한 장소였고, 우여곡절 끝에 그곳을 탈출해 대도시의 에어컨이 빵빵한 쇼핑몰에 들어서자 그제야 집에 돌아오기라도 한 것처럼 안도감을 느꼈다. 그러면서 그런 나 자신에게 실망했다.

아무래도 나는 진짜 자연이 무엇인지 잘 모르는 것 같다. 어쩌면 내가 생각하는 자연이 아름답게 가꾼 분재 화분이나 거실 벽에 걸린 호수의 풍경화, 잘 닦아놓은 산책로 같은 것은 아닌지 의심스러울 때도 있다.

트리샤는 힘들고 무서운 하루가 서서히 저물어가는 그동안만큼 자신이 도시에서 자란 아이라는 사실을 뼈저리게 느껴본 적이 없었다. 아이의 눈에는 숲이 마치 단단히 조여드는 것 같았다. 한동안 트리샤는 널찍한 소나무 숲을 따라갔는데, 어느 지점에 이르자 삽시간에 흡사 디즈니 만화에 나오는 숲처럼 바뀌어 보였다. 얼마 후 처음으로 조여드는 느낌이 들었을 때 아이는, 자신의 팔과 눈을 할퀴려고 덤벼드는 얽힌 나뭇가지들과 씨름하며 키 작은 나무들과 밀집한 관목이 한데 엉킨 수풀(관목들은 대부분 가시가 있었다)을 헤치며 나아가고 있었다. (중략) 그 덤불 숲이 정말로 원하는 것은 트리샤를 개울에서, 사람들에게로 나아가는 통로이자 숲에서 빠져나가는 티켓에서 떼어놓는 것일지 몰랐다.

                              – 스티븐 킹, 《톰 고든을 사랑한 소녀》 중에서

스티븐 킹의 소설 《톰 고든을 사랑한 소녀》는 산에서 길을 잃은 어린 소녀의 이야기다. 개인적으로 스티븐 킹의 소설은 중편소설 정도의 분량일 때 가장 좋은 느낌인데, 이 이야기도 그렇다. 이 정도 분량의 이야기에서 스티븐 킹은 본인의 장기와 집중력을 최대한으로 발휘하는 것 같다. 그런데 숲속을 헤매본 적도 없이 어떻게 킹은 이런 이야기를 쓸 수 있는 걸까.

주인공인 트리샤는 톰 고든이라는 메이저리그 야구선수의 팬이다. 엄마, 오빠와 함께 가벼운 소풍으로 애팔래치아 산맥 트래킹에 나섰다가 오줌이 마려워 잠깐 길을 벗어나고, 문득 길을 가로질러보겠다는 야심 찬, 그러나 두고두고 후회할 판단을 하고 만다. 걸으면 걸을수록 길에서 멀어지자 두려움에 사로잡힌 소녀는 그 자리에서 멈추는 대신 일을 바로잡기 위해 더 빨리 움직인다. 그리고 숲은 더 깊숙한 곳으로 소녀를 끌고 들어간다.

벌레떼와 늪지, 더위와 배고픔과 목마름과 싸우며 트리샤는 반쯤 넋이 나간 상태에서 미친 듯이 숲속을 헤맨다. 그리고 무언가가 소녀를 지켜보고 있다. 그것은 숨을 죽인 채 잠자코 기다린다. 트리샤가 포기할 때까지. 숲에서 영원히 길을 잃을 때까지. 죽음을 받아들일 때까지. 하지만 다행스럽게도 소녀에게는 아직 배터리가 닳지 않은 워크맨과 톰 고든이 있다. 소녀는 라디오로 야구 경기 중계를 들으며 공포와 싸운다. 워크맨의 배터리까지 수명을 다하자 새하얀 레드삭스 유니폼을 입은 톰 고든이 소녀와 함께 걸으며 길동무가 되어준다.

가장 선명한 기억은 머리 위에 별들이 차갑게 빛나는 동안 나뭇가지 더미 아래 누워 레드삭스의 시합을 듣고 있던 일이었다. (중략) 라디오는 트리샤의 생명선이고, 야구 시합은 트리샤의 구멍구였다. 그것들을 기대할 수 없었다면 어쩌면 그냥 포기해 버렸을지도 몰랐다.

                              – 스티븐 킹, 《톰 고든을 사랑한 소녀》 중에서

수년 전에 서울의 한 산에서 아버지와 함께 등산을 하던 초등학생 남자아이가 실종되었다는 뉴스를 본 기억이 난다. 등산로에서 벗어나 길을 잃은 그 아이는 이틀인지 사흘인지 후에 한 등산객에게 발견되었는데, 그 애는 그 동안 숲속을 헤매며 밤에는 나뭇잎을 이불처럼 덮고 잤다고 했다. 그 일을 생각할 때마다 놀랍다. 도시에서 나고 자란 어린아이에게 그런 생존력이 있다는 것이. 지금 그 아이는 어떻게 살아가고 있을지, 그 일이 그 아이에게 어떤 것을 남겼을지도 궁금하다.

산과 들과 바다를 뛰어다니던 어린 시절, 우리는 두려움을 공유했다. 우리는 산 위에서 어떤 아저씨한테 추행을 당했다는 여자애의 이야기를 서로에게 들려주었다. 그 여자애가 누구인지는 몰랐지만, 그게 실제로 일어난 일일 거라고 믿지 않았지만, 그런데도 우리의 놀이터가 언제든지 우리를 집어삼킬 수 있는 위험한 장소라는 걸 잘 알았다. 어느 날은 개울가에서 농가의 한 아저씨가 술에 취한 채로 토끼란 목을 눌러 숨통을 끊는 장면을 몰래 훔쳐보기도 했다. 바다에서 우리는 남해의 날카로운 바위들에 수도 없이 베이고 쓸리고 해파리에 쏘였다. 두려움 없이 헤엄쳤지만 가서는 안 될 곳을, 해서는 안 될 일을 잘 알고 있었다. 그것은 누가 가르쳐준 게 아니라 우리의 감각으로 깨우친 것이었다. 모든 아이들에게는 그런 평형추 같은 게 숨어 있는 것 같다. 아주 오래된 유전자 같은 것. 도시에서의 안전한 생활은 그 평형추의 존재를 잊게 만들거나 아예 녹슬어버리게 만든다.

이제 모든 생각을 멈추고 자신도 모르게 숨을 죽인 상태에서 트리샤는 냉혹한 확신과 더불어 그것이 존재한다는 것을 깨달았다. '뭔가'가 있었다. 그 순간 아이의 머릿속에는 아무런 목소리도 들리지 않았다. 있는 것이라고는 아이가 알지 못했던 자신의 한 부분, 어쩌면 집과 전화와 전등 불빛이 있는 세계에서는 잠들어 있다가 이곳 숲에서 완전히 살아난, 숨어 있던 어떤 특별한 신경계 뿐이었다. 그 부분은 눈으로 보지 못하고 생각할 수는 없었지만 감각은 있었다. 그런데 이제 그 부분이 숲에 뭔가가 있다는 것을 감지한 것이다.

　　　　　　　　　　　　　　　　　　– 스티븐 킹, 《톰 고든을 사랑한 소녀》 중에서

좋은 이야기는 일차원적이지 않다. 좋은 이야기는 언제나 다차원적이고, 여러 각도에서 읽힌다. 성적이나 교우 관계에 관한 문제로 고민하는 여드름투성이 사춘기도, 인생의 허망함에 사로잡혀 오늘 저녁 식사 준비를 건너뛴 중년의 주부도, 일을 그만둬야 할지도 모르겠다는 생각을 하며 지하철에 오른 젊은 회사원도, 몇 년째 집 밖으로 나가지 못하는 히키코모리 여자도 '이건 바로 나를 위한 이야기야!' 하고 느낄 수 있는 여지가 숨어 있는 것이다. 그리고 스티븐 킹이 쓴 무섭고도 좋은 이야기에는 대개 그런 것들이 있다. 킹은 늘 같은 이야기를 다른 식으로 하고, 좋은 이야기를 쓰는 진지한 작가들은 모두 그렇게 한다.

그렇게 읽으면 《톰 고든을 사랑한 소녀》 속의 숲은 단순한 숲은 아니다. 그것은 외부의 강렬한 힘에 압도된, 길을 잃은 모든 이들이 품고 있는 숲이다. 그 숲에서 소녀를 해치려는 것은 벌레와 배고픔이 아닌, 공포다. 실제로 숲이 품은 위험보다 더 큰 공포. 그리고 비쩍 마르고 엉망진창이 된 소녀는 끝내 그 공포를 넘어 집으로 돌아갈 길을 찾아낸다.

이탈리아 작가 이탈로 칼비노의 소설집인 《힘겨운 사랑》에 수록된 단편 〈아르헨티나 개미〉를 읽을 때 나는 우리가 전에 살던 집을 뒤덮었던 개미떼를 떠올렸다. 그 집은 지은 지 30년 가까이 된 단독주택이었다. 집은 낡고 허름하고 어두웠고 춥고 습했다. 그리고 개미가 많았다. 자고 일어나면 어디선가 개미가 기어 나왔고 벽 근처에는 개미들이 뚫고 나온 벽의 잔해들이 소복하게 쌓여 있었다. 개미들은 아무리 죽여도 사라지지 않았다. 성실하기로 따지면 개미만큼 성실한 동물도 찾기 힘들 것이다. 여름철 아이들이 과자 부스러기라도 흘리면 곧 바닥이 새까맣게 개미떼로 뒤덮이곤 했다. 언젠가는 자다가 머리 뒤쪽에서부터 시작해 뒷덜미와 등허리까지 개미에게 잔뜩 물어 뜯겼는데(나한테 원한이라도 품은 모양), 정말이지 미친 듯이 가려웠다. 며칠 동안 일상생활을 못할 정도로, 가려워서 눈물이 줄줄 날 정도로 가려웠다. 개미는 무서운 곤충이었다.

우리는 방과 부엌에 하나밖에 없는 전등을 켰다. 문틈에서 나온 개미들이 빼

곡하게 줄을 지어 벽을 가로지르고 있는 중이었는데 어디서 들어오는지는 알 수 없었다. 이제 우리 손은 개미로 뒤덮였다. 우리는 개미의 생김새를 자세히 보려고 손을 눈앞에 펴 보았다. 그리고 개미가 팔을 타고 내려가지 못하게 계속 손목을 움직였다. 아주 작고 눈에 잘 보이지 않는 개미들이었는데 쉬지 않고 움직여서 우리 몸이 미세하게 가려울 때와 똑같은 자극을 주었다. 그제야 개미 이름이 생각났다. '아르헨티나 개미들', 아니 '아르헨티나 개미'라고들 불렀는데 분명 언젠가 이 이름을 틀림없이 들어 본 적이 있었다. 이곳은 '아르헨티나 개미'가 사는 곳이었다. 그제야 나는 그런 표현이 어떤 느낌과 연결되는지를 알게 되었다. 바로 사방이 스멀거리는 짜증스러운 느낌이었다. 주먹을 쥐어보아도, 손을 비벼 보아도 전혀 멈출 수 없는 그런 느낌이었는데 길을 잃은 개미가 늘 어딘가 남아 있어 팔이나 옷으로 달렸기 때문이었다. 개미를 짓눌러 버리면 검은 점으로 변해 모래처럼 떨어졌고 손가락에는 시큼하고 자극적인 개미 냄새가 남았다.

       – 이탈로 칼비노, 〈아르헨티나 개미〉 중에서

어린 아기가 있는 젊고 가난한 커플이 시골집으로 이사를 온다. 그들은 전원생활에 낭만 어린 기대를 품고 있지만 짐을 풀기도 전부터 집 안 곳곳을 기어 다니는 개미들에 질겁한다. 알고 보니 그들의 집만이 아니라 멀리서 보았을 때는 평화로워 보이기만 하는 이웃집들 역시 개미떼에 점령당한 상태였다. 이웃들은 온갖 해충제를 구비하고 직접 고안한 장치로 개미떼의 습격을 막아보려 애쓰지만 역부족이다. 이곳에는 개미에게서 벗어날 방법도, 장소도 없다.

나는 이 마을에서 계속 살아갈 길이나 방법을 찾지 못했다. 내가 아는 사람 그 누구도, 조금 전까지만 해도 나보다 훨씬 나아 보였던 사람들도 그 방법을 찾거나 찾아가는 길에 서 있지도 않은 듯했다.

우리는 그렇게 집 앞에 도착했다. 아들은 장난감을 빨았고 아내는 의자에 앉아 있었다. 나는 개미들이 우글거리는 밭과 관목들, 그리고 레지나우도 씨네 정원에서 올라오는 살충제 가루 너머로 떠가는 구름과 개미들이 계속 죽어가는 고요한 선장 정원의 어둠 너머로 떠가는 구름을 보았다. 이게 내가 살 새로운 마을이었다. 나는 아들과 아내의 손을 잡고 말했다. "산책 가자. 바다까지 가보자."

       – 이탈로 칼비노, 〈아르헨티나 개미〉 중에서

스티븐 킹의 소설 속 숲이 그저 숲은 아닌 것처럼, 아르헨티나 개미도 단순히 전원생활의 두려움이라기보다는 우리의 삶에 내재한 사소하고도 불가항력적인 균열이나 파멸의 예감일지도 모르겠다는 생각이 든다. 아무리 발버둥 쳐도 벗어날 수 없는, 우리가 도착하기 전부터 이미 이곳을 점령하고 있는, 언제나 우리보다 더 강하고 성실하고 집요하며, 또 무슨 일이 있어도 끝나지 않을 어떤 것들에 대한 예감과 그에 따르는 절망.

우리는 늘 그 균열이나 파멸에 대항해 싸우려 하고, 싸울 방법을 찾아 헤맨다. 자기계발서를 읽고 사소한 것들에서 위안을 구하고 불운한 이들의 케이스를 연구하고 더 열심히 살기 위해 노력하고 그리하여 불운이 우리의 앞길을 가로막거나 따라잡는 것을 피하면서. 가끔은 우리보다 먼저 여기에 자리 잡은 이들은, 우리보다 더 나은 이들은 그 방법을 알고 있는 것처럼 보이기도 한다. 하지만 그런 것이 과연 가능할까. 이 균열과 파멸을 피하는 일이 과연 가능할까. 아르헨티나 개미를 박멸하는 일이 가능할까.

그렇게 우리는 항구에 도착했고 바다가 보였다. 길게 늘어선 야자수들이며 돌 벤치들도 있었다. 나와 아내는 벤치에 앉았다. 아들은 조용했다. 아내가 말했다. "여긴 개미가 없네." 내가 말했다. "아주 시원한데. 좋아."

바닷물이 높게 밀려왔다가 부두의 바위에 부딪혀 흩어졌고 그 파도에 밀려 고기잡이배들이 이리저리 흔들렸다. 검게 그은 남자들이 야간에 고기잡이를 하려고 빨간 그물과 통발 들을 배에 잔뜩 실었다. 물은 잔잔했고 파란색에서 검은색으로 계속 조금씩 색깔이 바뀌어 갔고 더 멀리에서는 검은색이 한층 짙어졌다. 나는 아주 멀리 있는 바닷물을, 파도에 씻긴 하얀 조개껍질들이 바닷물에 실려와 놓여 있을 깊은 바닷속의 무한한 모래 알갱이를 생각했다.

       – 이탈로 칼비노, 〈아르헨티나 개미〉 중에서

깊은 바닷속의 무한한 모래 알갱이. 아무래도 그것은 우리에게 평온함을 주는, 우리가 보고 싶어 하는 자연의 비유임과 동시에, 아무리 발버둥을 쳐도 자연의 일부라는 사실에서 달아날 수 없을 우리라는 존재에 대한 비유인 것 같다. 아무튼 눈을 감고 그런 것을, 아주 멀리 있는 바닷물과 그 속의 무한한 모래 알갱이를 떠올리면 마음이 평온해지기는 한다. 그리고 그건 어쩌면 체념에 가까운 평온함이 아닐까 싶다.

톰 고든을 사랑한 소녀
스티븐 킹 | 황금가지

메이저리그 보스턴 레드삭스 구단의 전설적인 투수 톰 고든을 동경하는 한 소녀가 광활한 숲속에서 길을 잃는다. 그녀의 목숨을 노리는 추적자와 음습한 숲속의 공포에서 극적으로 탈출하는 스릴 넘치는 이야기를 담고 있다.

힘겨운 사랑
이탈로 칼비노 | 민음사

현실적인 심리 묘사와 함께 신혼부부, 도둑, 사진작가, 군인, 시인, 운전자 등 평범한 인물들을 주인공으로 내세워 소통의 부재와 몰이해, 피상적인 관계가 만연한 현대사회의 모습을 그대로 드러낸다.

미ZH로 후진하는 디자인,
YOUNG RETRO

➜ **전시일정**

일시
2018년 12월 12일(수) - 2018년 12월 16일(일), 5일간
10:30 - 19:00 * 18:00 까지 입장
** 12월 16일(일)은 17:00 까지 입장

장소
서울 코엑스 1층 Hall B

주제
YOUNG RETRO
미래로 후진하는 디자인

➜ **전시구성**

디자인 주도기업
디자이너와의 컬래버레이션으로 새로운 디자인 이슈를
제안하는 기업 · 브랜드의 콘텐츠 전시

디자인 전문기업
제품, 그래픽, 패션, 엔터테인먼트, IT, 교육기관,
라이프스타일 등 분야의 디자인 전문기업 · 브랜드 프로모션

영디자이너 프로모션
월간 〈디자인〉이 선정한 45인 디자이너들의 셀프 브랜딩

글로벌콘텐츠
해외 디자이너, 창작자 그리고 브랜드들의 디자인 프로모션

➜ **동시행사**

디자인세미나
글로벌 스타 디자이너, 전문가들이 들려주는 최신 트렌드와
정보, 인사이트

서울디자인스팟
월간 〈디자인〉이 선정한 서울 전역의 다양한 디자인 스팟

주최 ● *design* **house**
주관 **DESIGN**

⠿ designfestival.co.kr
⨍ fb.com/designfestival.kr
◉ @designfestival.kr

HELLO, PEERS!

사물의 중력
이숙명 | 북라이프

방의 물건들을 보며, 이것들에 작용하는 것은 중력이 아니라 나의 미련일지도 모른다고 생각한 적이 있다. 한국과 발리를 오가며 글을 쓰던 저자는 서울에서의 삶을 정리하며 자신의 물건들을 정리했다. 책은 살아남거나 떠나간 물건들의 이야기이자 삶의 태도에 대한 이야기다.

H. thebooklife.co.kr

인생이 쓸수록 써라
민선 외 5인 | 출판사

올여름 폭염을 뚫고 여섯 명의 여자가 작은 책방에 옹기종기 모여 글을 나누었다. '쓰는' 일로 일상의 크고 작은 스트레스를 환기하며 그들은 서로를 다독였다. 글쓰기 수업을 통해 주고받은 소중한 이야기가 그대로 담겨있다.

H. instagram.com/moon_same

결혼과 육아의 사회학
오찬호 | 휴머니스트

이 책은 수많은 '어쩔 수 없음'이 만들어낸 자화상을 가족 안에서 찾는다. 저자는 개인이 처한 상황과 고민, 문제를 나무가 아닌 숲으로 끄집어내어 끊임없이 사회적 맥락으로 진단해낸다. 결혼이라는 제도에 여러 가지 질문을 던지며 우리가 맞닥뜨린 오늘을 마주하게 된다.

H. humanistbooks.com

최초의 집
신지혜 | 유어마인드

열네 명의 사람이 각자가 기억하는 최초의 집을 떠올린다. 저자는 인터뷰 대상을 찾아가 집에 대한 이야기를 편안하게 이어나간다. 이야기 내용을 바탕으로 도면과 스케치를 곁들여 공간을 묘사했다. 누군가의 어느 날을 되짚어가는 타임리프이기도 하다.

H. our-mind.com

카를 마르턴스: 스틸 무빙
플랫폼엘 컨템포러리 아트센터

정지된 모습을 뜻하는 'Still'과 움직이는 'Moving'의 조합은 두 단어의 대비와 조화를 동시에 잘 보여준다. 평범한 소재를 활용하여 단순하고도 풍성한 자신의 작업물을 담아냈다. 종이 매체와 금속 오브제를 이용한 기발하고 독창적인 아이디어 구현이 돋보인다.

A. 서울시 강남구 언주로133길 11
T. 02 6929 4470
O. 2018년 10월 11일~2019년 1월 20일

에쿠우스
충무아트센터 중극장블랙

열일곱 살 소년 알런이 일곱 마리 말의 눈을 찌르는 사건이 벌어졌다. 헤스터 판사는 그를 감옥 대신 정신과 의사 다이사트에게 보내고, 마틴 선생은 곧 알런의 기독교인 어머니와 사회주의자인 아버지에게서 왜곡된 사랑을 발견한다. 원초적인 인간의 열정과 사회의 억압을 그대로 드러낸다.

A. 서울시 중구 퇴계로 387 충무아트홀
T. 02 2230 6600
O. 2018년 9월 22일~11월 18일

존 카메론 미첼 내한콘서트, 엘로퀸스
세종문화회관 대극장

스테디셀러 뮤지컬 〈헤드윅〉의 원작자이고, 영화 〈헤드윅〉의 감독이자 주연 배우인 존 카메론 미첼이 10년 만에 한국을 찾는다. 그는 이번 콘서트에서 퍼포밍 아티스트 엠버 마틴과 함께 협업하여 더 풍성하고 다채로운 무대를 선사한다.

A. 서울시 종로구 세종대로 175 세종이야기
T. 02 399 1111
O. 2018년 10월 5일~10월 7일

마린스키 발레단 내한공연 돈키호테
세종문화회관 대극장

러시아 상트페테르부르크 마린스키 발레단과 오케스트라의 내한공연이 펼쳐진다. 스페인을 대표하는 세르반테스의 소설 《돈키호테》의 이야기를 아름다운 선율과 발레 동작의 유연한 곡선으로 느낄 수 있다. 정교하고 개성 넘치는 캐릭터들의 희극적인 마임이 유쾌한 웃음을 만든다.

A. 서울시 종로구 세종대로 175 세종이야기
T. 02 399 1111
O. 2018년 11월 15일~11월 18일

지구를 위한 소확행

환경을 위해 내가 실천하는 소확행. 소소하지만 확실한 행복이 아닌, 소소하지만 확실한 행동 하나.

대중교통을 이용한다 | 발행인 송원준

운전을 하다 보면 도로에서 보내는 한 시간이 아까울 때가 많다. 그래서 가능하면 대중교통을 이용하며 여유로운 시간을 보내거나 못다 한 일을 하곤 한다. 피곤할 때는 한숨 자고 일어나면 목적지에 도착해 있다. 그런데 이런 대중교통이 환경에도 도움이 된다고 하니, 가끔 뿌듯하다.

세제 사용을 줄인다 | 편집장 김이경

우리가 사용하는 주방세제나 세탁세제 중에서도 미세플라스틱이 함유된 게 있다. 그것이 하수구로 내려가 바다로 유입되면, 해양생물이 죽어간다. 이와 관련된 다큐멘터리를 보고 나서 무심하게 써왔던 세제를 다시 보게 되었다. 미세플라스틱이 함유되지 않은 친환경 제품을 사용하고, 되도록 세제는 최소한으로만 사용한다. 아예 사용하지 않을 순 없다. 다만, 이런 조그만 행동이 모이면 커다란 힘이 될 거라 믿는다.

손수건을 사용한다 | 경영지원 이소정

인간은 태어나면서부터 지구에 늘 빚지고 살아간다. 나는 비염을 오래 앓아 휴지를 끼고 사는 게 습관이 되었으니, 더 많은 빚을 지고 사는 게 분명하다. 휴지를 덜 쓰자고 말할 위치는 아니기에, 나는 아주 작은 것이라도 내가 할 수 있는 것들을 한다. 밖에서 손을 닦을 때는 휴지가 아닌 손수건을 사용하는 것, 이것으로 조금의 위안을 삼는다.

옷을 사지 않는다 | 에디터 김건태

이번 호 혜원의 기사 중 새 옷을 사지 않는다는 에즈라 밀러의 이야기를 보며 '그게 뭐?' 하고 생각했다. 나는 새 옷이고 헌 옷이고 아예 옷을 사지 않는다. (맘에 드는 옷이 생기면 정중하게 달라고 말하는 편이다.) 15년 전 산 트랙탑과 20년 전 산 티셔츠를 아직 입는 걸 보면, 나도 참 징글징글한 사람이다.

모피를 입지 않는다 | 에디터 정혜미

20대 초반에는 페이크 퍼로 된 옷을 많이 입었다. 그때는 나이가 들고 돈을 많이 벌면 부드러운 진짜 모피 옷을 입겠노라 다짐했었다. 지금까지 진짜 모피 옷을 입은 적은 없다. 그 정도로 돈을 벌 수 없더라. 그것만이 이유는 아니다. 앙고라 장갑이 어떻게 만들어지는지에 대해서 다룬 다큐멘터리를 보았다. 살아있는 수많은 토끼를 모아놓고 털을 뽑는 장면, 빨간 눈에서 계속 눈물을 흐르며 고통스러워하는 토끼들. 이 영상을 보고 나서 더 이상 모피를 입고 싶지 않게 되었다.

고기를 먹지 않는다 | 에디터 김혜원

소, 돼지, 닭 등의 가축은 매년 약 60억 톤의 온실가스를 배출한다고 한다. 온실가스는 지구온난화의 주범이다. 그래서 고기를 줄이면 온실가스 배출

량이 준다는 연구 결과도 있다. 나는 고기를 먹지 않는다. 고기만 먹지 않는 베지테리언이다. 거창하게 말했지만, 사실 환경을 위해 채식을 시작한 건 아니다. 반대로 채식을 하며 환경도 생각하게 됐다. 그래서 환경을 위해 채식이 좋다는 얘기를 하려는 건 아니고, 우리가 먹는 것들이 어떻게 만들어지고 어떤 경로로 이동하는지, 그 환경에 대해 한 번쯤 생각해보는 시간이 있었으면 좋겠다.

먹을 만큼 요리한다 | 에디터 이자연

우리 동네 슈퍼에서는 1인 가구를 위해 요리 재료를 소분해서 팔곤 한다. 양배추와 양파, 파와 버섯 같은 것들. 음식을 만들어서 맛있게 먹는 것도 중요하지만, 깨끗이 거덜 내는 것도 적잖이 중요하다. 자기 자신의 스케줄에 따라, 양에 맞춰 조리하는 것. 냉장고에서 버려지는 음식물과 재료들을 보면 생각보다 쉽지 않은 일이지만, 쓰레기 줄이기 실천은 여기서부터 시작한다. 밥상에서 음식물 쓰레기로부터 자유로워지세요들!

목욕탕 수도꼭지를 잠근다 | 디자이너 윤원정

한 주의 마무리로 엄마와 목욕탕을 가곤 한다. 따뜻한 물속에서 이런저런 수다를 떨다 보면 일주일의 피로가 녹아내린다. 이런 평화로운 순간, 비어 있는 옆자리의 잠기지 않은 수도꼭지는 나의 마음을 불편하게 만든다. 바가지의 물이 흘러넘치는 장면이란! 사람이 없어도 자리의 주인은 정해져 있는 목욕탕 불문율로 인해, 다른 이의 수도꼭지를 잠그는 일에는 약간의 용기가 필요하다. 남몰래 수도꼭지를 잠그는 것으로 나름 환경을 위한 '소소하지만 확실한 행동'을 실천하고 있다.

봉투를 받지 않는다 | 디자이너 최인애

장 보러 갈 때 가방이 있다면 비닐봉지나 종이봉투를 따로 사지 않는다. 가방이 없을 땐 종량제봉투에 담아 간다. 쇼핑할 때도 최대한 내가 가져간 가방이나 하나의 종이봉투에 모아 담는다. 다른 곳의 상품이더라도 하나의 봉투에. 처음 물건이 담긴 종이봉투를 받았을 땐 새 물건을 산 느낌에 기분에 좋지만, 집에 돌아와 뒤죽박죽 쌓여있는 다양한 크기의 종이봉투를 보면 기분이 썩 좋지 않기 때문이다.

동물실험을 거치지 않은 제품을 구매 한다 | 디자이너 양예슬

자연 속에는 나무와 열매 그리고 사람과 동물이 있다. 지금도 수많은 동물이 사람의 욕심에 의해 무분별하게 희생되고 있다고 한다. 동물들을 위해 내가 할 수 있는 작은 실천은 동물실험을 거치지 않은 제품을 구매하는 것. 그리고 동물의 털로 만들어지는 무수한 것들(이불과 베개, 옷, 심지어 양말까지) 또한 최대한 대체품으로 만들어진 것으로 구매하려고 노력하고 있다.

SIGMA

촬영 : 김안국 | 조리개 : F4 | ISO : 160 | 셔터 스피드 : 1/3200 | 초점거리 : 12mm

왜곡없는
초광각 줌의 선구자.

 Art

12-24mm F4 DG HSM

케이스, 커버 렌즈 캡(LC1020-01) 포함.

VOL.01 VOL.02 VOL.03 VOL.04 VOL.05 VOL.06 VOL.07 VOL.08 VOL.09 VOL.10
VOL.11 VOL.12 VOL.13 VOL.14 VOL.15 VOL.16 VOL.17 VOL.18 VOL.19 VOL.20
VOL.21 VOL.22 VOL.23 VOL.24 VOL.25 VOL.26 VOL.27 VOL.28 VOL.29 VOL.30
VOL.31 VOL.32 VOL.33 VOL.34 VOL.35 VOL.36 VOL.37 VOL.38 VOL.39 VOL.40
VOL.41 VOL.42 VOL.43 VOL.44 VOL.45 VOL.46 VOL.47 VOL.48 VOL.49 VOL.50
VOL.51 VOL.52 VOL.53 VOL.54 VOL.55 VOL.56 VOL.57 VOL.58 VOL.59 VOL.60
VOL.61

정기구독 안내
어라운드는 월간지로 발행됩니다.
정기구독 신청자에게는 할인 혜택과 함께
매달 배지를 선물로 드립니다.

1년 정기구독 총 11권(7·8월 합본호)
148,500원(10%할인)
aroundstore.kr

광고문의 ad@a-round.kr | 070 8650 6378
구독문의 magazine@a-round.kr | 070 8650 6375
기타문의 around@a-round.kr | 070 8650 6378
어라운드빌리지 around@a-round.kr | 070 8638 6214

MAGAZINE a-round.kr
STORE aroundstore.kr
INSTAGRAM instagram.com/aroundmagazine
　　　　　　　 instagram.com/aroundmagazine.eng
FACEBOOK facebook.com/around.play
FILM vimeo.com/around